DICTIONARY

I0110617

OF

SCALES & MODES

FOR

ELETRIC GUITAR

&

ACOUSTIC GUITAR

IN

DIAGRAMS

1st Edition

Rio de Janeiro-Brasil
Alexandre Silva Cruz
2014

Xandy Guitta
Dictionary of Scales and Modes for Eletric & Acoustic Guitar in Diagrams

Design, Graphics, Text, Cover Photo and Musical Review: Alexandre Silva Cruz

Edition: Xandy Guitta

Copyright 2014 by Xandy Guitta

Registration on EDA / FBN / No. 659.062   Book: 1.269   Sheet:132

Protocol of the Requirement: 2014RJ18176

Author: Alexandre Silva Cruz
Guitta, Xandy[Alexandre Silva Cruz].
Title: Dictionary of Scales and Modes for Eletric and Acoustic Guitar in Diagrams./Xandy Guitta.-**1 st Edition-Rio de Janeiro/Brasil:God's Book Publishing Ltd., 2014.**
88 pages.: Diagrams; 30 cm.
ISBN 978-85-914326-2-2
Didactic / Pedagogical
    1.   Dictionary-Musical Scales.I.Alexandre Silva Cruz.II. Título.

MINISTRY OF CULTURE
NATIONAL LIBRARY Foundation

Mr. Press

Produção, Publicação e Comercialização

God's Book Editora Ltda
Av. das Américas, 500 bl 03 loja 116
Barra da Tijuca - Rio de Janeiro - RJ
CNPJ 00.979.693/0001-06
+55 21 3982-2777

Publishing and Printing
God's Book Publisher

Cover Art
Mr. Press Design

Musical Review
Xandy Guitta

Graphics
Xandy Guitta

Text
Alexandre Silva Cruz

Illustration, organization and Editing
Alexandre Silva Cruz

Published by God's Book
Production, Publishing and Marketing

About the Author

Alexandre Silva Cruz known as *"Xandy Guitta"* was born in the heart of *Minas Gerais - Estrela Dalva*. He came to Rio de Janeiro and began his musical studies in electric and acoustic guitar at the age of fifteen.

In 1991, completed the theory and harmony course-Associated Schools São Paulo-SP.

In 1998, Xandy Guitta went to the United States (U.S.) and took guitar lessons in "Nashville Tennessee, The Capital of Music".

In 2010, completed the extension course (Theory and Musical Perception) held at the Brazilian Conservatory of Music - University Center. Also in 2010, completed the professional guitar course-E.M.M with exclusive curriculum of GIT/MI (Guitar Institute of Technology / Musician Institute-Los Angeles-"LA"-USA) and Berklee College of Music in Boston-USA).

In 2011, he began his graduation in the Brazilian Conservatory of Music-University Center in Art Education with specialization in music transferring that course for a BA(BACHELOR) in music and technology.

www.clubedeautores.com.br

Xandy Guitta

Xandy Guitta's Digest

"To the Student"
(D.I.Y.)

1 - Before starting any exercice don't forget the technique nor stop doing what you regularly do.

2 - Use a metronome. Despite the fact that *"every student is liable to err"* don't give up. Carry on with the exercices day in and day out.

3 - When we use a mirror to practice our routine, there is a great benefit to correct the right hand, left hand, picking technique so on and so forth.

4-Don't waste your time practicing what you know. Practice what you have difficulty. *" hit the nail on the head"!!!*

5 - Likewise, "A theory has to work in practice".

6-Minimum daily practice: 2 hours, 3 times a week. Also, don't forget to practice stretching.

7-Record the chords or progressions and play the diagram fingering at the same time with a playback, cd's or softwares such as the "Band in a Box".

Xandy Guitta

Xandy Guitta
Dictionary of Scales and Modes for Eletric & Acoustic Guitar in Diagrams

SUMMARY

INTRODUCTION

To start with, this dictionary of learning in diagrams, which the goal is to provide a practical routine, concomitantly offer an organized information to be learned and related to the experiences that each student has already knows. Diagrams are easy-to-understand the fingering pattern in the application of the scales and chords together with their respective triads and tetrads.

Altogether, i want to show you that the church modes should be used in aclear way an how they are important to improvisation and composition. Likewise, it is important to understand the order of modes as if they were a alphabet because each mode has got a *"different sound"*. In the meantime, each chord is related with the first step of a major scale and every scale is a *"different fingering"* of it , they just start on *"different positions"* in the freatboard. Also, beyond the technique, we will see the "non melodic exercices" functioning as "warm-up" together with other scales. For instance, pentatonic scale, blues scale, exotic scale, modes of natural minor scale, modes of melodic minor scale, modes of harmonic minor scale, bebop scales, symmetrical scales and finally the chromatic pentatonic scale. All in diagrams!

All in all, this dictionary does not teach music theory but i do recommend the music notation. On the whole it goes without saying that students who are interested in becoming a musician should obtain a knowledge of diagrams, scores and tablature to be proficient.

GOOD LUCK!

Xandy Guitta

Xandy Guitta
Dictionary of Scales and Modes for Eletric & Acoustic Guitar in Diagrams

BEFORE

STARTING

TO

PRACTICE,

READ THE

STUDENT'S DIGEST!

"Never put off until tomorrow what you can do today!"

"It's never too early or too late to learn!"

"Haste makes waste!"

"You need to play by ear!"

Xandy Guitta

TECHNIQUE

Most of the time, there are several ways to play guitar. To avoid mistakes, this brief "warm-up" routine will develop your articulation with a steadfast position to improve speed and accuracy. Follow the sequence "slow-fast-slow".

GENERAL RULE

LEFT HAND

Thumb: In the middle of the fretboard for any position.

Fingers: Each finger closest to the strings.

RIGHT HAND

Picking: Between the thumb and index finger for next string

PICKING

➢ **Alternate Picking:**Down-Up-Down-Up etc...
The most effective technique!

➢ **Sweep Picking or Sweeping** — When you cross the strings.

That is, when you go through the strings by picking in one movement : Up or Down.

➢ **Down Strokes-** Down

➢ **Up Strokes-** Up

Picking=1mm

Xandy Guitta

DIAGRAM I
FRETBOARD DIAGRAM

High **"E"** String

																1st	E
																2nd	B
																3rd	G
																4th	D
																5th	A
●																6th	E

Low **"E"** String

"STRINGS "   *"FRET POSITION"*

GRAPHIC DIAGRAM

- Every black ball note indicates that it must be played during the fingering.

- Representing the musical sound:"A - B - C - D - E - F - G"

- **NOTE**

1.*Graphic Diagram.* The goal is to offer a good fingering pattern of the notes through the performance and accurance of scales and modes.

2.In some cases, we will not have 3 note-per-string-sequences.
In case of having 4-note-per-string-scales, we can *"Slide"(Sl)* the index finger attacking the 7th note until the octave, bringing the same fingering pattern of the initial scale.

3.*"Slide"* = SL

NON MELODIC EXERCICES

The purpose of these exercices is the **"right-left-hand synchronization"** so that the diagram fingering brings **"pick-and-finger-independence"**, technique, creating a combination between them. This is an exercice for both hands. These exercices will develop your technique a little faster because they involve the use of large repetition time and time again.

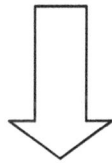

- **Alternate Picking:**Down-Up-Down-Up

- **Down Strokes:**Down-Down-Down-Down

- **Up Strokes:** Up-Up-Up-Up

DIAGRAM II

NON MELODIC EXERCICES

DOWNSTROKES   **UPSTROKES**

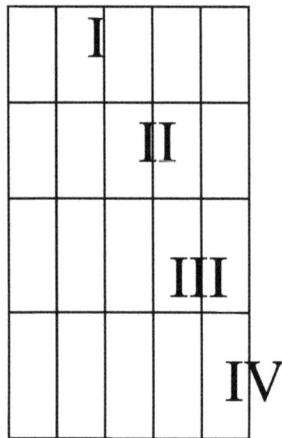

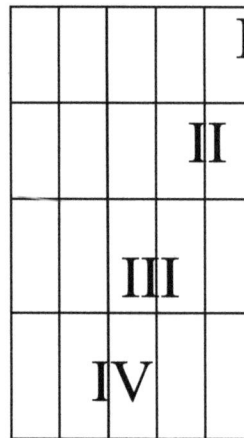

← Finger 1

← Finger 2

← Finger 3

← Finger 4

"Aternate Picking" *Down-Up-Down-Up*

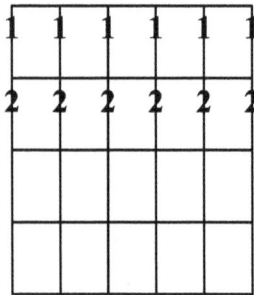
Finger I

Finger II

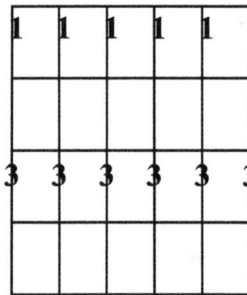
Finger I

Finger III

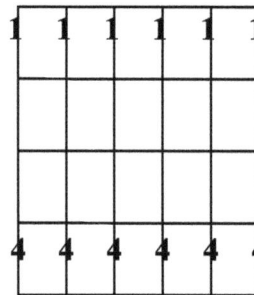
Finger I

Finger IV

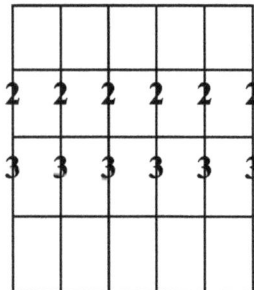
Finger II

Finger III

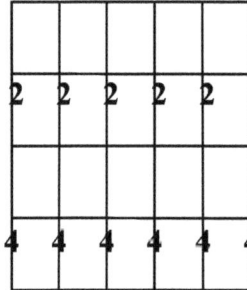
FingerII

FingerIV

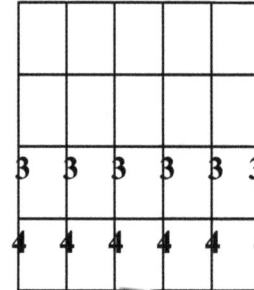
FingerIII

FingerIV

12

ANCIENT GREEKS

Firstly, Church Modes are a sequence of scales interconnected in different positions defined as the seven steps of a major scale.

Secondly, another definition is that the church modes are inversion of a major scale. A major scale has got seven inversions.

Therefore, the "Church Modes" are divided in: Majors (Ionian, Lydian and Mixolydian) and Minors (Dorian, Phrygian, Aeolian and Locrian). Also, each mode has a specific name because they can be used as scales individually with a unique sound in fingering on your own modal progression. That is, the relationship between the chord and its respective mode. Latterly, a lot of musicians call the church modes of *"Ancient Greeks"*. Realise that an understanding of the Ancient Greeks is of paramount importance to become a professional musician (see page 34 "modal harmony concepts").

DOWN-TO-EARTH!

"A different mode ,
A different sound,
A different modal progression"

Xandy Guitta

CHURCH MODES

"Modes of Major Scale"

"Church Modes=Ancient Greeks"

I- Ionian
Scale:C-D-E-F-G-A-B-C
Chord:/C/-/CM7/

II- Dorian
Scale:D-E-F-G-A-B-C-D
Chord:/Dm/-/Dm7/

III- Phrygian
Scale:E-F-G-A-B-C-D-E
Chord:/Em/-/Em7/

IV- Lydian
Scale:F-G-A-B-C-D-E-F
Chord:/F/-/FM7/

V- Mixolydian
Scale:G-A-B-C-D-E-F-G
Chord:/G/-/G7/

VI-Aeolian
Scale:A-B-C-D-E-F-G-A
Chord: /Am/-/Am7/

VII- Locrian
Scale:B-C-D-E-F-G-A-B
Chord:/Bm(b5)/-/Bm7(b5)/

DIAGRAM III

CHURCH MODES

"3-Note-per-string"

I-IONIAN MODE
SCALE:C-D-E-F-G-A-B-C
CHORD: /C/-/CM7/
TRIAD OF C:C-E-G
TETRAD OF CM7:C-E-G-B

F	F#	G	G#	A	A#	B	C	C#	●	D#	●	●	F#	G	G#	A	A#	B	C	C#
C	C#	D	D#	E	F	F#	G	G#	●	A#	●	●	C#	D	D#	E	F	F#	G	G#
G#	A	A#	B	C	C#	D	D#	●	●	F#	●	G#	A	A#	B	C	C#	D	D#	E
D#	E	F	F#	G	G#	A	A#	●	●	C#	●	D#	E	F	F#	G	G#	A	A#	B
A#	B	C	C#	D	D#	E	●	F#	●	G#	●	A#	B	C	C#	D	D#	E	F	F#
F	F#	G	G#	A	A#	B	●	C#	●	D#	●	F	F#	G	G#	A	A#	B	C	C#

II-DORIAN MODE
SCALE:D-E-F-G-A-B-C-D
CHORD: /Dm/-/Dm7/
TRIAD OF Dm:D-F-A
TETRAD OF Dm7:D-F-A-C

F	F#	G	G#	A	A#	B	C	C#	D	D#	●	●	F#	●	G#	A	A#	B	C	C#
C	C#	D	D#	E	F	F#	G	G#	A	A#	●	●	C#	●	D#	E	F	F#	G	G#
G#	A	A#	B	C	C#	D	D#	E	●	F#	●	G#	●	A#	B	C	C#	D	D#	E
D#	E	F	F#	G	G#	A	A#	B	●	C#	●	D#	●	F	F#	G	G#	A	A#	B
A#	B	C	C#	D	D#	E	F	F#	●	G#	●	A#	●	C	C#	D	D#	E	F	F#
F	F#	G	G#	A	A#	B	C	C#	●	D#	●	●	F#	G	G#	A	A#	B	C	C#

III-PHRYGIAN MODE
SCALE:E-F-G-A-B-C-D-E
CHORD: /Em/-/Em7/
TRIAD OF Em:E-G-B
TETRAD OF Em7:E-G-B-D

F	F#	G	G#	A	A#	B	C	C#	D	D#	E	●	F#	●	G#	●	A#	B	C	C#
C	C#	D	D#	E	F	F#	G	G#	A	A#	B	●	C#	●	D#	●	F	F#	G	G#
G#	A	A#	B	C	C#	D	D#	E	F	F#	●	G#	●	A#	●	C	C#	D	D#	E
D#	E	F	F#	G	G#	A	A#	B	C	C#	●	D#	●	●	F#	G	G#	A	A#	B
A#	B	C	C#	D	D#	E	F	F#	G	G#	●	A#	●	●	C#	D	D#	E	F	F#
F	F#	G	G#	A	A#	B	C	C#	D	D#	●	●	F#	●	G#	A	A#	B	C	C#

IV-LYDIAN MODE
SCALE:F-G-A-B-C-D-E-F
CHORD: /F/-/FM7/
TRIAD OF F:F-A-C
TETRAD OF FM7:F-A-C-E

F	F#	●	G#	●	A#	●	C	C#	D	D#	E	F	F#	G	G#	A	A#	B	C	C#
C	C#	●	D#	●	●	F#	G	G#	A	A#	B	C	C#	D	D#	E	F	F#	G	G#
G#	●	A#	●	●	C#	D	D#	E	F	F#	G	G#	A	A#	B	C	C#	D	D#	E
D#	●	●	F#	●	G#	A	A#	B	C	C#	D	D#	E	F	F#	G	G#	A	A#	B
A#	●	●	C#	●	D#	E	F	F#	G	G#	A	A#	B	C	C#	D	D#	E	F	F#
●	F#	●	G#	●	A#	B	C	C#	D	D#	E	F	F#	G	G#	A	A#	B	C	C#

V-MIXOLYDIAN MODE
SCALE:G-A-B-C-D-E-F-G
CHORD: /G/-/G7/
TRIAD OF G:G-B-D
TETRAD OF G7:G-B-D-F

F	F#	G	G#	●	A#	●	●	C#	D	D#	E	F	F#	G	G#	A	A#	B	C	C#
C	C#	D	D#	●	●	F#	●	G#	A	A#	B	C	C#	D	D#	E	F	F#	G	G#
G#	A	A#	●	●	C#	●	D#	E	F	F#	G	G#	A	A#	B	C	C#	D	D#	E
D#	E	●	F#	●	G#	●	A#	B	C	C#	D	D#	E	F	F#	G	G#	A	A#	B
A#	B	●	C#	●	D#	●	F	F#	G	G#	A	A#	B	C	C#	D	D#	E	F	F#
F	F#	●	G#	●	A#	●	C	C#	D	D#	E	F	F#	G	G#	A	A#	B	C	C#

VI- AEOLIAN MODE
SCALE:A-B-C-D-E-F-G-A
CHORD: /Am/-/Am7/
TRIAD OF Am:A-C-E
TETRAD OF Am7:A-C-E-G

F	F#	G	G#	A	A#	●	●	C#	●	D#	E	F	F#	G	G#	A	A#	B	C	C#
C	C#	D	D#	E	●	F#	●	G#	●	A#	B	C	C#	D	D#	E	F	F#	G	G#
G#	A	A#	B	●	C#	●	D#	●	F	F#	G	G#	A	A#	B	C	C#	D	D#	E
D#	E	F	F#	●	G#	●	A#	●	C	C#	D	D#	E	F	F#	G	G#	A	A#	B
A#	B	C	C#	●	D#	●	●	F#	G	G#	A	A#	B	C	C#	D	D#	E	F	F#
F	F#	G	G#	●	A#	●	●	C#	D	D#	E	F	F#	G	G#	A	A#	B	C	C#

17

VII-LOCRIAN MODE
SCALE:B-C-D-E-F-G-A-B
CHORD: /Bm(b5)/-/Bm7(b5)/
TRIAD OF Bm(b5):B-D-F
TETRAD OF Bm7(b5):B-D-F-A

F	F#	G	G#	A	A#	B	●	C#	●	D#	●	F	F#	G	G#	A	A#	B	C	C#
C	C#	D	D#	E	F	F#	●	G#	●	A#	●	C	C#	D	D#	E	F	F#	G	G#
G#	A	A#	B	C	C#	●	D#	●	●	F#	G	G#	A	A#	B	C	C#	D	D#	E
D#	E	F	F#	G	G#	●	A#	●	●	C#	D	D#	E	F	F#	G	G#	A	A#	B
A#	B	C	C#	D	D#	●	●	F#	●	G#	A	A#	B	C	C#	D	D#	E	F	F#
F	F#	G	G#	A	A#	●	●	C#	●	D#	E	F	F#	G	G#	A	A#	B	C	C#

CHURCH MODES

" 3-Note-per-string sequences"

I-IONIAN MODE

SCALE:C-D-E-F-G-A-B-C
CHORD: /C/-/CM7/
TRIAD OF C:C-E-G
TETRAD OF CM7:C-E-G-B

F	F#	G	G#	●	A#	●	●	C#	D	D#	E	F	F#	G	G#	A	A#	B	C	C#
C	C#	D	D#	●	●	F#	●	G#	A	A#	B	C	C#	D	D#	E	F	F#	G	G#
G#	A	A#	●	●	C#	●	D#	E	F	F#	G	G#	A	A#	B	C	C#	D	D#	E
D#	E	●	F#	●	G#	●	A#	B	C	C#	D	D#	E	F	F#	G	G#	A	A#	B
A#	B	●	C#	●	D#	●	F	F#	G	G#	A	A#	B	C	C#	D	D#	E	F	F#
F	F#	G	G#	A	A#	B	C	C#	D	D#	E	F	F#	G	G#	A	A#	B	C	C#

II-DORIAN MODE

SCALE:D-E-F-G-A-B-C-D
CHORD: /Dm/-/Dm7/
TRIAD OF Dm:D-F-A
TETRAD OF Dm7:D-F-A-C

F	F#	G	G#	A	A#	●	●	C#	●	D#	E	F	F#	G	G#	A	A#	B	C	C#
C	C#	D	D#	E	●	F#	●	G#	●	A#	B	C	C#	D	D#	E	F	F#	G	G#
G#	A	A#	B	●	C#	●	D#	●	F	F#	G	G#	A	A#	B	C	C#	D	D#	E
D#	E	F	F#	●	G#	●	A#	●	C	C#	D	D#	E	F	F#	G	G#	A	A#	B
A#	B	C	C#	●	D#	●	●	F#	G	G#	A	A#	B	C	C#	D	D#	E	F	F#
F	F#	G	G#	A	A#	B	C	C#	D	D#	E	F	F#	G	G#	A	A#	B	C	C#

III-PHRYGIAN MODE
SCALE:E-F-G-A-B-C-D-E
CHORD: /Em/-/Em7/
TRIAD OF Em:E-G-B
TETRAD OF Em7:E-G-B-D

F	F#	G	G#	A	A#	B	●	C#	●	D#	●	F	F#	G	G#	A	A#	B	C	C#
C	C#	D	D#	E	F	F#	●	G#	●	A#	●	C	C#	D	D#	E	F	F#	G	G#
G#	A	A#	B	C	C#	●	D#	●	●	F#	G	G#	A	A#	B	C	C#	D	D#	E
D#	E	F	F#	G	G#	●	A#	●	●	C#	D	D#	E	F	F#	G	G#	A	A#	B
A#	B	C	C#	D	D#	●	●	F#	●	G#	A	A#	B	C	C#	D	D#	E	F	F#
F	F#	G	G#	A	A#	B	C	C#	D	D#	E	F	F#	G	G#	A	A#	B	C	C#

IV-LYDIAN MODE
SCALE:F-G-A-B-C-D-E-F
CHORD:/F/-/FM7/
TRIAD OF F:F-A-C
TETRAD OF FM7:F-A-C-E

F	F#	G	G#	A	A#	B	C	C#	●	D#	●	●	F#	G	G#	A	A#	B	C	C#
C	C#	D	D#	E	F	F#	G	G#	●	A#	●	●	C#	D	D#	E	F	F#	G	G#
G#	A	A#	B	C	C#	D	D#	●	●	F#	●	G#	A	A#	B	C	C#	D	D#	E
D#	E	F	F#	G	G#	A	A#	●	●	C#	●	D#	E	F	F#	G	G#	A	A#	B
A#	B	C	C#	D	D#	E	●	F#	●	G#	●	A#	B	C	C#	D	D#	E	F	F#
F	F#	G	G#	A	A#	B	C	C#	D	D#	E	F	F#	G	G#	A	A#	B	C	C#

V-MIXOLYDIAN MODE
SCALE:G-A-B-C-D-E-F-G
CHORD: /G/-/G7/
TRIAD OF G:G-B-D
TETRAD OF G7:G-B-D-F

F	F#	G	G#	A	A#	B	C	C#	D	D#	●	●	F#	●	G#	A	A#	B	C	C#
C	C#	D	D#	E	F	F#	G	G#	A	A#	●	●	C#	●	D#	E	F	F#	G	G#
G#	A	A#	B	C	C#	D	D#	E	●	F#	●	G#	●	A#	B	C	C#	D	D#	E
D#	E	F	F#	G	G#	A	A#	B	●	C#	●	D#	●	F	F#	G	G#	A	A#	B
A#	B	C	C#	D	D#	E	F	F#	●	G#	●	A#	●	C	C#	D	D#	E	F	F#
F	F#	G	G#	A	A#	B	C	C#	D	D#	E	F	F#	G	G#	A	A#	B	C	C#

VI- AEOLIAN MODE
SCALE:A-B-C-D-E-F-G-A
CHORD:/Am/-/Am7/
TRIAD OF Am:A-C-E
TETRAD OF Am7:A-C-E-G

F	F#	G	G#	A	A#	B	C	C#	D	D#	E	●	F#	●	G#	●	A#	B	C	C#
C	C#	D	D#	E	F	F#	G	G#	A	A#	B	●	C#	●	D#	●	F	F#	G	G#
G#	A	A#	B	C	C#	D	D#	E	F	F#	●	G#	●	A#	●	C	C#	D	D#	E
D#	E	F	F#	G	G#	A	A#	B	C	C#	●	D#	●	●	F#	G	G#	A	A#	B
A#	B	C	C#	D	D#	E	F	F#	G	G#	●	A#	●	●	C#	D	D#	E	F	F#
F	F#	G	G#	A	A#	B	C	C#	D	D#	E	F	F#	G	G#	A	A#	B	C	C#

VII-LOCRIAN MODE
SCALE:B-C-D-E-F-G-A-B
CHORD:/Bm(b5)/-/Bm7(b5)/
TRIAD OF Bm(b5):B-D-F
TETRAD OF Bm7(b5):B-D-F-A

F	F#	G	G#	A	A#	B	C	C#	D	D#	E	F	F#	●	G#	●	A#	●	C	C#
C	C#	D	D#	E	F	F#	G	G#	A	A#	B	C	C#	●	D#	●	●	F#	G	G#
G#	A	A#	B	C	C#	D	D#	E	F	F#	G	G#	●	A#	●	●	C#	D	D#	E
D#	E	F	F#	G	G#	A	A#	B	C	C#	D	D#	●	●	F#	●	G#	A	A#	B
A#	B	C	C#	D	D#	E	F	F#	G	G#	A	A#	●	●	C#	●	D#	E	F	F#
F	F#	G	G#	A	A#	B	C	C#	D	D#	E	F	F#	G	G#	A	A#	B	C	C#

ANCIENT GREEKS

"Fingering Pattern #1 with Slide-see page 10"

I-IONIAN MODE
SCALE:C-D-E-F-G-A-B-C
CHORD: /C/-/CM7/
TRIAD OF C:C-E-G
TETRAD OF CM7:C-E-G-B

F	F#	G	G#	A	A#	B	C	C#	D	D#	E	●SL→	F#	●	G#	●	A#	B	C	C#
C	C#	D	D#	E	F	F#	G	G#	A	A#	●	●	C#	●	D#	●	F	F#	G	G#
G#	A	A#	B	C	C#	D	D#	E	●SL→	F#	●	G#	●	A#	B	C	C#	D	D#	E
D#	E	F	F#	G	G#	A	A#	●SL→	●	C#	●	D#	●	F	F#	G	G#	A	A#	B
A#	B	C	C#	D	D#	E	●	F#	●	G#	●	A#	B	C	C#	D	D#	E	F	F#
F	F#	G	G#	A	A#	B	●	C#	●	D#	●	F	F#	G	G#	A	A#	B	C	C#

II-DORIAN MODE
SCALE:D-E-F-G-A-B-C-D
CHORD: /Dm/-/Dm7/
TRIAD OF Dm:D-F-A
TETRAD OF Dm7:D-F-A-C

F	F#	G	G#	A	A#	B	C	C#	●	D#	●	●	F#	G	G#	A	A#	B	C	C#
C	C#	D	D#	E	F	F#	G	G#	●	A#	●	●	C#	D	D#	E	F	F#	G	G#
G#	A	A#	B	C	C#	D	D#	●	●	F#	●	G#	A	A#	B	C	C#	D	D#	E
D#	E	F	F#	G	G#	A	A#	B	●	C#	●	D#	E	F	F#	G	G#	A	A#	B
A#	B	C	C#	D	D#	E	F	F#	●	G#	●	A#	●	C	C#	D	D#	E	F	F#
F	F#	G	G#	A	A#	B	C	C#	●	D#	●	●	F#	G	G#	A	A#	B	C	C#

III-PHRYGIAN MODE
SCALE:E-F-G-A-B-C-D-E
CHORD: /Em/-/Em7/
TRIAD OF Em:E-G-B
TETRAD OF Em7:E-G-B-D

F	F#	G	G#	A	A#	B	C	C#	D	D#	●	●	F#	●	G#	A	A#	B	C	C#
C	C#	D	D#	E	F	F#	G	G#	A	A#	●	●	C#	●	D#	E	F	F#	G	G#
G#	A	A#	B	C	C#	D	D#	E	F	F#	●	G#	●	A#	B	C	C#	D	D#	E
D#	E	F	F#	G	G#	A	A#	B	C	C#	●	D#	●	●	F#	G	G#	A	A#	B
A#	B	C	C#	D	D#	E	F	F#	G	G#	●	A#	●	●	C#	D	D#	E	F	F#
F	F#	G	G#	A	A#	B	C	C#	D	D#	●	●	F#	●	G#	A	A#	B	C	C#

IV-LYDIAN MODE
SCALE:F-G-A-B-C-D-E-F
CHORD: /F/-/FM7/
TRIAD OF F:F-A-C
TETRAD OF FM7:F-A-C-E

F	F#	G	G#	A	A#	●	●	C#	●	D#	E	F	F#	G	G#	A	A#	B	C	C#
C	C#	D	D#	●	● (SL)	F#	●	G#	●	A#	B	C	C#	D	D#	E	F	F#	G	G#
G#	A	A#	●	●	C#	●	D#	E	F	F#	G	G#	A	A#	B	C	C#	D	D#	E
D#	●	● (SL)	F#	●	G#	●	A#	B	C	C#	D	D#	E	F	F#	G	G#	A	A#	B
A#	●	●	C#	●	D#	E	F	F#	G	G#	A	A#	B	C	C#	D	D#	E	F	F#
●	F#	●	G#	●	A#	B	C	C#	D	D#	E	F	F#	G	G#	A	A#	B	C	C#

V-MIXOLYDIAN MODE
SCALE:G-A-B-C-D-E-F-G
CHORD: /G/-/G7/
TRIAD OF G:G-B-D
TETRAD OF G7:G-B-D-F

F	F#	G	G#	A	A#	B	●	C#	●	D#	●	F	F#	G	G#	A	A#	B	C	C#
C	C#	D	D#	E	●	F#	●	G#	●	A#	●	C	C#	D	D#	E	F	F#	G	G#
G#	A	A#	B	●	C#	●	D#	●	F	F#	G	G#	A	A#	B	C	C#	D	D#	E
D#	E	●	F#	●	G#	●	A#	●	C	C#	D	D#	E	F	F#	G	G#	A	A#	B
A#	B	●	C#	●	D#	●	F	F#	G	G#	A	A#	B	C	C#	D	D#	E	F	F#
F	F#	●	G#	●	A#	●	C	C#	D	D#	E	F	F#	G	G#	A	A#	B	C	C#

VI- AEOLIAN MODE
SCALE:A-B-C-D-E-F-G-A
CHORD: /Am/-/Am7/
TRIAD OF Am:A-C-E
TETRAD OF Am7:A-C-E-G

F	F#	G	G#	●	A#	●	●	C#	D	D#	E	F	F#	G	G#	A	A#	B	C	C#
C	C#	D	D#	●	●	F#	●	G#	A	A#	B	C	C#	D	D#	E	F	F#	G	G#
G#	A	A#	●	●	C#	●	D#	E	F	F#	G	G#	A	A#	B	C	C#	D	D#	E
D#	E	●	F#	●	G#	●	A#	B	C	C#	D	D#	E	F	F#	G	G#	A	A#	B
A#	B	●	C#	●	D#	●	F	F#	G	G#	A	A#	B	C	C#	D	D#	E	F	F#
F	F#	G	G#	●	A#	●	C	C#	D	D#	E	F	F#	G	G#	A	A#	B	C	C#

VII-LOCRIAN MODE
SCALE:B-C-D-E-F-G-A-B
CHORD: /Bm(b5)/-/Bm7(b5)/
TRIAD OF Bm(b5):B-D-F
TETRAD OF Bm7(b5):B-D-F-A

F	F#	G	G#	A	A#	B	C	C#	D	D#	●	●	F#	●	G#	A	A#	B	C	C#
C	C#	D	D#	E	F	F#	G	G#	●	A#	●	●	C#	●	D#	E	F	F#	G	G#
G#	A	A#	B	C	C#	D	D#	●	●	F#	●	G#	A	A#	B	C	C#	D	D#	E
D#	E	F	F#	G	G#	●	A#	●	●	C#	●	D#	E	F	F#	G	G#	A	A#	B
A#	B	C	C#	D	D#	●	●	F#	●	G#	A	A#	B	C	C#	D	D#	E	F	F#
F	F#	G	G#	A	A#	●	●	C#	●	D#	E	F	F#	G	G#	A	A#	B	C	C#

ANCIENT GREEKS

"Fingering Pattern #2 with Slide-see page 10"

I-IONIAN MODE
SCALE:C-D-E-F-G-A-B-C
CHORD: /C/-/CM7/
TRIAD OF C:C-E-G
TETRAD OF CM7:C-E-G-B

F	F#	G	G#	A	A#	●	●	C#	D	D#	E	F	F#	G	G#	A	A#	B	C	C#
C	C#	D	D#	E	●	F#	●	G#	●	A#	B	C	C#	D	D#	E	F	F#	G	G#
G#	A	A#	●	●	C#	●	D#	●	F	F#	G	G#	A	A#	B	C	C#	D	D#	E
D#	E	●	F#	●	G#	●	A#	B	C	C#	D	D#	E	F	F#	G	G#	A	A#	B
A#	B	●	C#	●	D#	●	F	F#	G	G#	A	A#	B	C	C#	D	D#	E	F	F#
F	F#	G	G#	A	A#	B	C	C#	D	D#	E	F	F#	G	G#	A	A#	B	C	C#

II-DORIAN MODE
SCALE:D-E-F-G-A-B-C-D
CHORD: /Dm/-/Dm7/
TRIAD OF Dm:D-F-A
TETRAD OF Dm7:D-F-A-C

F	F#	G	G#	●	A#	●	●	C#	●	D#	E	F	F#	G	G#	A	A#	B	C	C#
C	C#	D	D#	●	●	F#	●	G#	A	A#	B	C	C#	D	D#	E	F	F#	G	G#
G#	A	A#	B	●	C#	●	D#	E	F	F#	G	G#	A	A#	B	C	C#	D	D#	E
D#	E	F	F#	●	G#	●	A#	●	C	C#	D	D#	E	F	F#	G	G#	A	A#	B
A#	B	C	C#	●	D#	●	●	F#	G	G#	A	A#	B	C	C#	D	D#	E	F	F#
F	F#	G	G#	A	A#	B	C	C#	D	D#	E	F	F#	G	G#	A	A#	B	C	C#

III-PHRYGIAN MODE
SCALE:E-F-G-A-B-C-D-E
CHORD: /Em/-/Em7/
TRIAD OF Em:E-G-B
TETRAD OF Em7:E-G-B-D

F	F#	G	G#	A	A#	●	●	C#	●	D#	●	F	F#	G	G#	A	A#	B	C	C#
C	C#	D	D#	E	F	F#	●	G#	●	A#	B	C	C#	D	D#	E	F	F#	G	G#
G#	A	A#	B	C	C#	●	D#	●	●	F#	G	G#	A	A#	B	C	C#	D	D#	E
D#	E	F	F#	G	G#	●	A#	●	●	C#	D	D#	E	F	F#	G	G#	A	A#	B
A#	B	C	C#	D	D#	●	●	F#	●	G#	A	A#	B	C	C#	D	D#	E	F	F#
F	F#	G	G#	A	A#	B	C	C#	D	D#	E	F	F#	G	G#	A	A#	B	C	C#

IV-LYDIAN MODE
SCALE:F-G-A-B-C-D-E-F
CHORD:/F/-/FM7/
TRIAD OF F:F-A-C
TETRAD OF FM7:F-A-C-E

F	F#	G	G#	A	A#	B	C	C#	D	D#	●	●	F#	G	G#	A	A#	B	C	C#
C	C#	D	D#	E	F	F#	G	G#	A	A#	●	●	C#	●	D#	E	F	F#	G	G#
G#	A	A#	B	C	C#	D	D#	●	●	F#	●	G#	●	A#	B	C	C#	D	D#	E
D#	E	F	F#	G	G#	A	A#	●	●	C#	●	D#	E	F	F#	G	G#	A	A#	B
A#	B	C	C#	D	D#	E	●	F#	●	G#	●	A#	B	C	C#	D	D#	E	F	F#
F	F#	G	G#	A	A#	B	C	C#	D	D#	E	F	F#	G	G#	A	A#	B	C	C#

V-MIXOLYDIAN MODE
SCALE:G-A-B-C-D-E-F-G
CHORD: /G/-/G7/
TRIAD OF G:G-B-D
TETRAD OF G7:G-B-D-F

F	F#	G	G#	A	A#	B	C	C#	D	D#	E	●	F#	●	G#	A	A#	B	C	C#
C	C#	D	D#	E	F	F#	G	G#	A	A#	B	●	C#	●	D#	●	F	F#	G	G#
G#	A	A#	B	C	C#	D	D#	E	●	F#	●	G#	●	A#	●	C	C#	D	D#	E
D#	E	F	F#	G	G#	A	A#	B	●	C#	●	D#	●	F	F#	G	G#	A	A#	B
A#	B	C	C#	D	D#	E	F	F#	●	G#	●	A#	●	C	C#	D	D#	E	F	F#
F	F#	G	G#	A	A#	B	C	C#	D	D#	E	F	F#	G	G#	A	A#	B	C	C#

(SL →)

VI- AEOLIAN MODE
SCALE:A-B-C-D-E-F-G-A
CHORD:/Am/-/Am7/
TRIAD OF Am:A-C-E
TETRAD OF Am7:A-C-E-G

F	F#	G	G#	A	A#	B	C	C#	D	D#	E	●	F#	●	G#	●	A#	B	C	C#
C	C#	D	D#	E	F	F#	G	G#	A	A#	B	●	C#	●	D#	●	F	F#	G	G#
G#	A	A#	B	C	C#	D	D#	E	F	F#	●	G#	●	A#	●	C	C#	D	D#	E
D#	E	F	F#	G	G#	A	A#	B	C	C#	●	D#	●	●	F#	G	G#	A	A#	B
A#	B	C	C#	D	D#	E	F	F#	G	G#	●	A#	●	●	C#	D	D#	E	F	F#
F	F#	G	G#	A	A#	B	C	C#	D	D#	E	F	F#	G	G#	A	A#	B	C	C#

VII-LOCRIAN MODE
SCALE:B-C-D-E-F-G-A-B
CHORD:/Bm(b5)/-/Bm7(b5)/
TRIAD OF Bm(b5):B-D-F
TETRAD OF Bm7(b5):B-D-F-A

F	F#	G	G#	A	A#	B	C	C#	D	D#	E	F	F#	G	G#	●	A#	●	C	C#
C	C#	D	D#	E	F	F#	G	G#	A	A#	B	C	C#	D	D#	●	●	F#	●	G#
G#	A	A#	B	C	C#	D	D#	E	F	F#	G	G#	●	A#	●	●	C#	●	D#	E
D#	E	F	F#	G	G#	A	A#	B	C	C#	D	D#	●	●	F#	●	G#	A	A#	B
A#	B	C	C#	D	D#	E	F	F#	G	G#	A	A#	●	●	C#	●	D#	E	F	F#
F	F#	G	G#	A	A#	B	C	C#	D	D#	E	F	F#	G	G#	A	A#	B	C	C#

VOCABULARY

"Ancient Greeks"

"Church Modes"

"Authentic Modes"

"Plagal Modes"

MAJOR SCALES

"Ionian Mode"
"Lydian Mode"
"Mixolydian Mode"

MINOR SCALES

"Dorian Mode"
"Phrygian Mode"
"Aeolian Mode"
"Locrian Mode"

TONAL HARMONY CONCEPTS

"The function of tonal chords", in a key signature, is to bring the perception of conclusion in the first chord of a major scale, passage in subdominant and expectation of resolution in dominant. *"The function of qualification"* is the following:

Strong: I IV V
Substitute Of IV And V: II VII
Weak - Substitute of I: III VI

Application #1 in the key of C Major

/C/ Ionian(1st step of a major scale) * *Tonic (I)*
/C/-/G/-/F/
/C/-/Em/-/G/-/Dm/-/C/-/Em/-/F/-/G/

/Dm/ Dorian(2nd step of a major scale) * *Supertonic (II)*
/Dm/-/C/-/G/
/Dm7/-/G7/-/Dm7/-/Em7/
"D minor pentatonic scale"

/Em/ Phrygian(3rd step of a major scale) * *Mediant(III)*
/Em/-/F/-/Dm/
/Em/-/F/-/Am/-/G7/
"E minor pentatonic scale"

/F/ Lydian (4th step of a major scale) * *Subdominant(IV)*
/F/-/ G/
/F7M/-/Em7/-/F7M/-/Am7/

/G/ Mixolydian(5th step of a major scale) * *Dominant(V)*
/G/-/F/-/C/
/G/-/F/-/Em7/-/Dm/

/Am/ Aeolian(6th step of a major scale) * *Superdominant(VI)*
/Am/-/F/-/G/
/Am/-/F/-/C/-/G/
"A minor pentatonic scale"

/Bm(b5)/Locrian(7th step of a major scale) * *Sensible(VII)*
/G/B/-/F/B /

(*) Each degree has a name.

"Note":The minor pentatonic scale may be associated with the minor modes dorian, phrygian and aeolian.

HINTS

Application #2 in the key of C major

Use one mode to the entire key of C major.

/C/-/Dm/-/Em/-/F/-/G/-/Am/-/Bm(b5)/

e.g.: Aeolian mode= /Am/

Application #3 in the key of C major

Use the mode that is relationed with the chord.

Chord   /C/ Ionian mode
     /Am/ Aeolian mode
Progression   /F/ Lydian mode
     /G/ Mixolidian mode

"IMPROVISATION IS THE GÊNESIS
OF
COMPOSITION"

xandy Guitta

MODAL HARMONY CONCEPTS

Application #4 "Modal Progression"

Use the Church Mode in his original progression. In this case, each authentic mode has got a characteristic sound. Arising from "Ancient Greece", the *"Ancient Greeks"* bring to memory a liturgical sound, medieval ceremonies, formalities and so son. Realize, listen to the sound created by each Church Mode, feeling how the environment changes expressing different rhythm in their progressions.

A Ionian Mode

/A/-/E/A/-/D/A/ "Very happy sound" etc...
/A/-/E/-/D/

Am Dorian Mode

/Am7/-/D7/ " Western Sound", Rock, Blues etc...
/Am/-/G/-/D/

Am Phrygian Mode=Phrygian Minor

/Am/-/A#/A/ "Egyptian Sound", Heavier Sound etc...
/Am/-/A#/-/Gm/

A Phrygian Mode=Phrygian Major

/A/-/A#/-/Gm/ "Spanish", Flamingo etc...

A Lydian Mode

/A/-/B/ "Mysterious Sound" etc...

A Mixolydian Mode

/A/-/G/ "Rock Sound" , Blues, Hard Rock Tune etc...
/A/-/G/-/D/

Am Aeolian Mode

/Am/-/F/A/-/G/A/ "Hard Rock Sound" , Pop, Rock etc...

Am7(b5) Locrian Mode

/F/A/-/D#/A/ " Darker Sound" etc...

NOTE:" The more you listen to music, the more you realise the Modes". As a result, the Church Modes will become easier to be perceived.

GRAPHIC DIAGRAMS

"An organized method of fretboard diagram"

DIAGRAMS

Broadly, it helps to learn the resemblance between the fingering bringing each shape starting on the next note of the pattern.

AIM

Connect all available notes in the fretboard diagram because is easy-to-read.

"HINTS"

These diagrams teach the scale patterns "note-for-note" towards the Church Modes, offering the opportunity to get some valuable information *"step-by-step"* whereas there is enough information to improve your ability and necessity to be able to play.

DIAGRAM IV

PENTATONIC SCALE

F	F#	G	G#	○	A#	B	○	C#	○	D#	○	F	F#	○	G#	○	A#	B	●	C#
C	C#	D	D#	○	F	F#	○	G#	○	A#	B	○	C#	○	D#	○	F	F#	●	G#
G#	A	A#	B	○	C#	○	D#	○	F	F#	○	G#	○	A#	B	○	C#	●	D#	E
D#	E	F	F#	○	G#	○	A#	B	○	C#	○	D#	○	F	F#	○	G#	●	A#	B
A#	B	C	C#	○	D#	○	F	F#	○	G#	○	A#	B	○	C#	○	D#	●	F	F#
F	F#	G	G#	○	A#	B	○	C#	○	D#	○	F	F#	○	G#	○	A#	B	●	C#

BOX I   +   BOX II   BOX III   BOX IV   +   BOX V   OCTAVE

MAJOR PENTATONIC IN C MAJOR
SCALE:C-D-E-G-A
CHORD: /C/
TRIAD OF C: C-E-G

MINOR PENTATONIC IN A MINOR
SCALE: A-C-D-E-G
CHORD: /Am/
TRIAD OF Am: A-C-E

Box I=Minor Pentatonic (Starting on A)
Box II=Major Pentatonic (Starting on C)
Box III=Mode III (Starting on D)
Box IV=Mode IV (Starting on E)
Box V=Mode V (Starting on G)

"NOTE"
The Minor Pentatonic Scale may be associated with the modes Dorian, Phrygian and Aeolian.

- Orange Ball: Indicates Box I + Box II (3- Note- Per- String).
- Green Ball: Indicates The Box IV + Box V (3 -Note-Per-String).

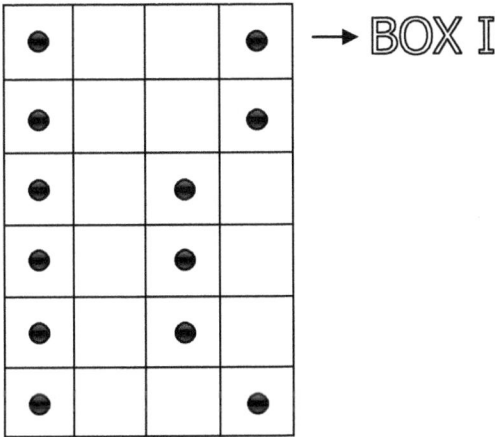 → BOX I

BOX II ←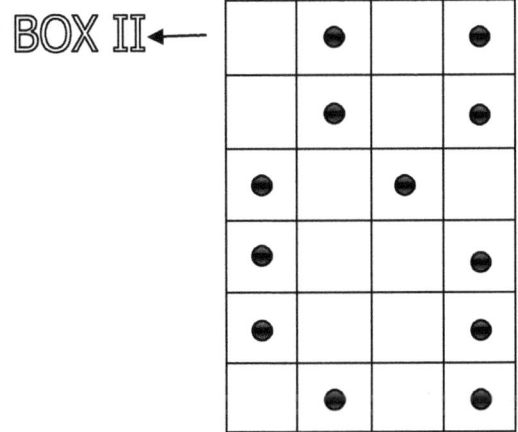

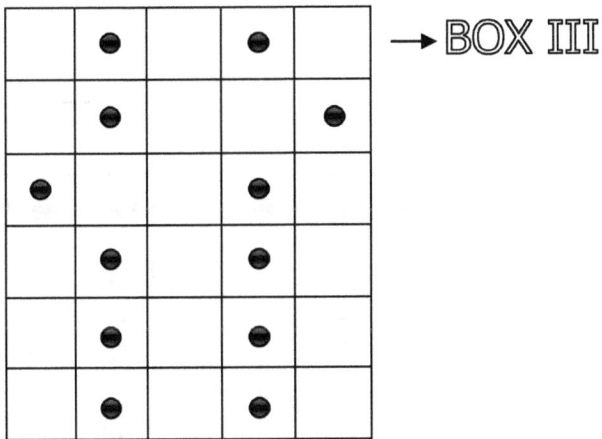 → BOX III

BOX IV ←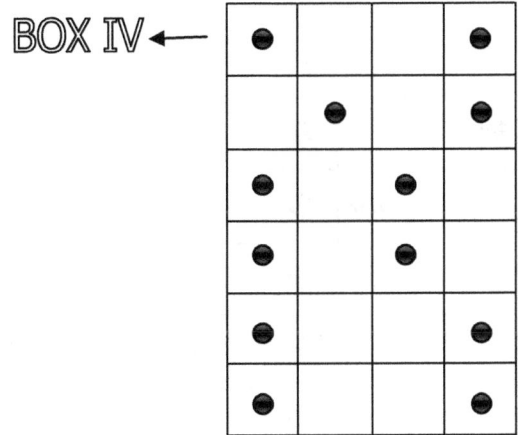

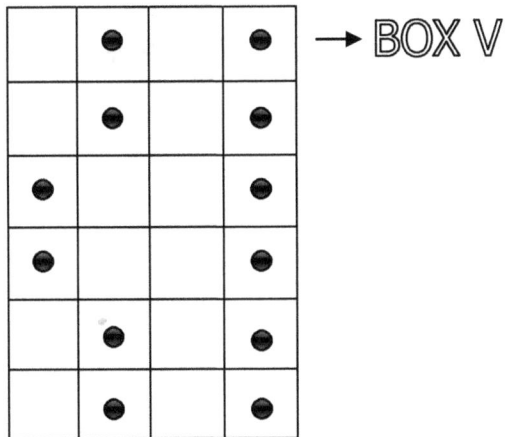 → BOX V

DIAGRAM V
BLUES SCALE

SCALE: A-C-D-D#-E-G-A
CHORDS: A7-A7(9)-A7(#9)
TETRAD OF A7: A-C#-E-G

Fingering Pattern #1

F	F#	G	G#	●	A#	B	●	C#	●	◉	●	F	F#	●	G#	●	A#	B	●	C#
C	C#	D	D#	●	F	F#	●	G#	●	A#	B	●	C#	●	◉	●	F	F#	●	G#
G#	A	A#	B	●	C#	●	◉	●	F	F#	●	G#	●	A#	B	●	C#	●	●	E
D#	E	F	F#	●	G#	●	A#	B	●	C#	●	◉	●	F	F#	●	G#	●	A#	B
A#	B	C	C#	●	◉	●	F	F#	●	G#	●	A#	B	●	C#	●	◉	●	F	F#
F	F#	G	G#	●	A#	B	●	C#	●	◉	●	F	F#	●	G#	●	A#	B	●	C#

↓	↓	↓	↓	↓	↓
BOX I	BOX II	BOX III	BOX IV	BOX V	OCTAVE

"NOTE"

"Blues is basically Pentatonic Scale"

● RED BALL: THE "BLUE NOTE".

Fingering Pattern #2

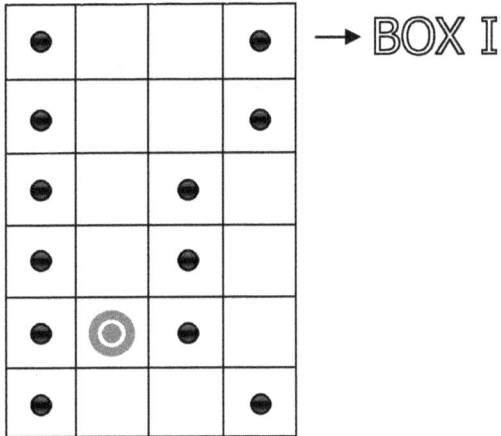

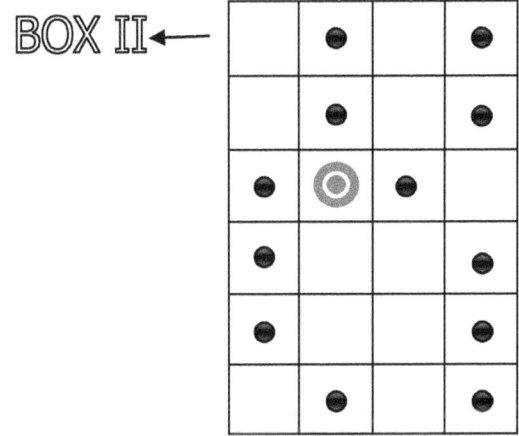

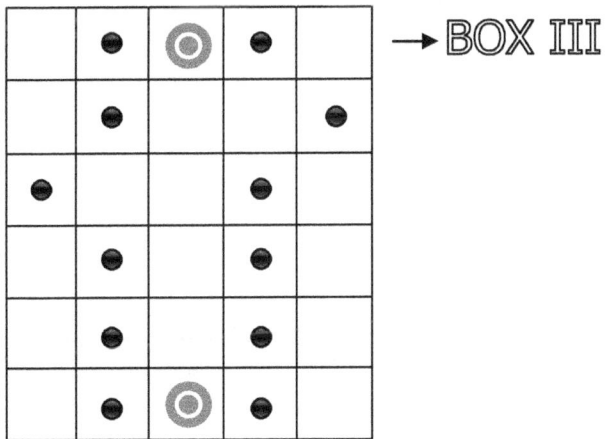

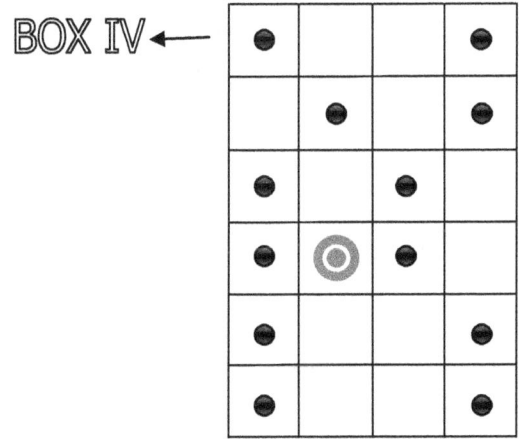

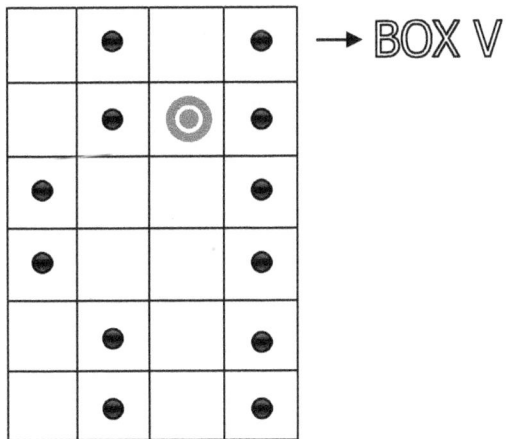

→ BOX I

BOX II ←

→ BOX III

BOX IV ←

→ BOX V

◉   RED BALL: THE "BLUE NOTE'

Fingering Pattern #3

F	F#	G	G#	●	A#	B	●	C#	●	○	○	F	F#	○	G#	●	A#	B	●	C#
C	C#	D	D#	●	F	F#	●	G#	○	A#	B	○	C#	○	●	●	F	F#	●	G#
G#	A	A#	B	●	C#	●	○	○	F	F#	○	G#	●	A#	B	●	C#	●	●	E
D#	E	F	F#	●	G#	○	A#	B	○	C#	●	●	F	F#	●	G#	●	A#	B	
A#	B	C	C#	●	○	○	F	F#	○	G#	●	A#	B	●	C#	●	●	●	F	F#
F	F#	G	G#	○	A#	B	○	C#	○	●	●	F	F#	●	G#	●	A#	B	●	C#

BOX I + BOX II BOX III BOX IV + BOX V OCTAVE

Fingering Pattern #4

F	F#	G	G#	●	A#	B	●	C#	●	●	●	F	F#	○	G#	○	A#	B	○	C#
C	C#	D	D#	●	F	F#	●	G#	●	A#	B	●	C#	○	○	○	F	F#	●	G#
G#	A	A#	B	●	C#	●	●	●	F	F#	○	G#	○	A#	B	○	C#	●	●	E
D#	E	F	F#	●	G#	●	A#	B	●	C#	○	○	○	F	F#	●	G#	●	A#	B
A#	B	C	C#	●	●	●	F	F#	○	G#	○	A#	B	○	C#	●	●	●	F	F#
F	F#	G	G#	●	A#	B	●	C#	○	○	○	F	F#	●	G#	●	A#	B	●	C#

BOX I BOX II BOX III BOX IV BOX V OCTAVE

"NOTE"

● Orange Ball: 3-Note-per-string scales.

DIAGRAM VI
EXOTIC SCALES

PHRYGIAN MAJOR
SCALE: A-Bb-C#-D-E-F-G-A
CHORD: /A /   TRIAD: A-C#-E

"NOTE" "In the Phrygian Mode, *Alternate the Major 3rd & Minor 3rd*"
"Good Egyptian Sound"
Also called *"Gypsy"*

F	F#	G	G#	●	●	B	C	●	D	D#	E	F	F#	G	G#	A	A#	B	C	C#
C	C#	D	D#	●	●	F#	●	G#	A	A#	B	C	C#	D	D#	E	F	F#	G	G#
G#	A	A#	B	C	●	●	D#	E	F	F#	G	G#	A	A#	B	C	C#	D	D#	E
D#	E	F	F#	●	G#	●	●	B	C	C#	D	D#	E	F	F#	G	G#	A	A#	B
A#	B	C	C#	●	D#	●	●	F#	G	G#	A	A#	B	C	C#	D	D#	E	F	F#
F	F#	G	G#	●	●	B	C	●	D	D#	E	F	F#	G	G#	A	A#	B	C	C#

PHRYGIAN MINOR
SCALE: A-Bb-C-D-E-F-G-A
CHORD: /Am /   TRIAD: A-C-E

F	F#	G	G#	●	●	B	●	C#	D	D#	E	F	F#	G	G#	A	A#	B	C	C#
C	C#	D	D#	●	●	F#	●	G#	A	A#	B	C	C#	D	D#	E	F	F#	G	G#
G#	A	A#	B	●	C#	●	D#	E	F	F#	G	G#	A	A#	B	C	C#	D	D#	E
D#	E	F	F#	●	G#	●	●	B	C	C#	D	D#	E	F	F#	G	G#	A	A#	B
A#	B	C	C#	●	D#	●	●	F#	G	G#	A	A#	B	C	C#	D	D#	E	F	F#
F	F#	G	G#	●	●	B	●	C#	D	D#	E	F	F#	G	G#	A	A#	B	C	C#

HARMONIC MINOR
"Fingering Pattern with Slide-see page 10"

SCALE: A-B-C-D-E-F-G#-A
CHORD: /Am / TRIAD: A-C-E
"NOTE": *"Great Mysterious & Egyptian Sound"*

F	F#	G	G#	A	A#	B	C	C#	●	D#	●	●	F#	G	G#	A	A#	B	C	C#
C	C#	D	D#	E	F	F#	G	●	●	A#	●	●	C#	D	D#	E	F	F#	G	G#
G#	A	A#	B	C	C#	●	D#	●	●	F#	G	G#	A	A#	B	C	C#	D	D#	E
D#	E	F	F#	G	●	●	A#	●	●	C#	D	D#	E	F	F#	G	G#	A	A#	B
A#	B	C	C#	●	D#	●	●	F#	G	G#	A	A#	B	C	C#	D	D#	E	F	F#
F	F#	G	G#	●	A#	●	●	C#	D	D#	E	F	F#	G	G#	A	A#	B	C	C#

ORIENTAL SCALE
SCALE: D-Eb-F#-G-Ab-B-C-D
CHORD: /Cm / *"1st step-Hungarian Minor"*
TRIAD: C-Eb-G
"NOTE": 2nd step of a Hungarian Minor"

F	F#	G	G#	A	A#	B	C	C#	D	●	E	F	●	●	G#	A	A#	B	C	C#
C	C#	D	D#	E	F	F#	G	G#	A	A#	●	●	C#	●	D#	E	F	F#	G	G#
G#	A	A#	B	C	C#	D	D#	E	F	●	●	●	A	A#	B	C	C#	D	D#	E
D#	E	F	F#	G	G#	A	A#	B	●	C#	●	●	E	F	F#	G	G#	A	A#	B
A#	B	C	C#	D	D#	E	F	F#	●	●	A	A#	●	C	C#	D	D#	E	F	F#
F	F#	G	G#	A	A#	B	C	C#	●	●	E	F	●	G	G#	A	A#	B	C	C#

"NOTE": The Hungarian Minor fingering pattern is on page 41.

42

GYPSY MAJOR
SCALE:A-Bb-C#-D-E-F-G#-A
CHORD: /A / TRIAD: A-C#-E

F	F#	G	●	●	A#	B	C	C#	D	D#	E	F	F#	G	G#	A	A#	B	C	C#
C	C#	D	D#	●	●	F#	G	G#	A	A#	B	C	C#	D	D#	E	F	F#	G	G#
G#	A	A#	B	C	●	●	D#	E	F	F#	G	G#	A	A#	B	C	C#	D	D#	E
D#	E	F	F#	G	●	●	●	B	C	C#	D	D#	E	F	F#	G	G#	A	A#	B
A#	B	C	●	●	D#	●	●	F#	G	G#	A	A#	B	C	C#	D	D#	E	F	F#
F	F#	G	G#	●	●	B	C	C#	D	D#	E	F	F#	G	G#	A	A#	B	C	C#

GYPSY MINOR=HUNGARIAN MINOR
SCALE:A-B-C-D#-E-F-G#-A
CHORD: /Am / TRIAD: A-C-E

F	F#	G	●	●	A#	B	C	C#	D	D#	E	F	F#	G	G#	A	A#	B	C	C#
C	C#	D	●	●	●	F#	G	G#	A	A#	B	C	C#	D	D#	E	F	F#	G	G#
G#	A	A#	●	●	C#	D	D#	E	F	F#	G	G#	A	A#	B	C	C#	D	D#	E
D#	E	F	F#	G	●	●	A#	B	C	C#	D	D#	E	F	F#	G	G#	A	A#	B
A#	B	C	C#	D	●	●	●	F#	G	G#	A	A#	B	C	C#	D	D#	E	F	F#
F	F#	G	G#	●	A#	●	●	C#	D	D#	E	F	F#	G	G#	A	A#	B	C	C#

"Note": A Hungarian Minor changes its name to Oriental scale when the fingering pattern is the second step.

CHINESE SCALE
"6 notes"

CHORD: /Dm /
SCALE:F-G-A-C-D-E   TRIAD: D-F-A

F	F#	G	G#	A	A#	B	●	C#	●	D#	●	F	F#	G	G#	A	A#	B	C	C#
C	C#	D	D#	E	●	F#	●	G#	●	A#	B	C	C#	D	D#	E	F	F#	G	G#
G#	A	A#	B	●	C#	●	D#	●	F	F#	G	G#	A	A#	B	C	C#	D	D#	E
D#	E	●	F#	●	G#	●	A#	B	C	C#	D	D#	E	F	F#	G	G#	A	A#	B
A#	B	●	C#	●	D#	●	F	F#	G	G#	A	A#	B	C	C#	D	D#	E	F	F#
●	F#	●	G#	●	A#	B	C	C#	D	D#	E	F	F#	G	G#	A	A#	B	C	C#

MINOR PENTATONIC
JAPANESE-IN-SEN/HIROJOSHI/KUMOI
"5 notes"

JAPANESE- IN -SEN
CHORD: /Dm /
SCALE:A-Bb-D-E-F-A   TRIAD: D-F-A

F	F#	G	G#	A	A#	B	C	C#	●	D#	●	●	F#	G	G#	A	A#	B	C	C#
C	C#	D	D#	E	F	F#	G	G#	●	●	B	C	C#	D	D#	E	F	F#	G	G#
G#	A	A#	B	C	C#	●	D#	●	●	F#	G	G#	A	A#	B	C	C#	D	D#	E
D#	E	F	F#	G	G#	●	●	B	C	C#	D	D#	E	F	F#	G	G#	A	A#	B
A#	B	C	C#	●	D#	●	●	F#	G	G#	A	A#	B	C	C#	D	D#	E	F	F#
F	F#	G	G#	●	●	B	C	C#	D	D#	E	F	F#	G	G#	A	A#	B	C	C#

HIROJOSHI SCALE
SCALE:A-B-C-E-F
CHORD: /Am / TRIAD: A-C-E

F	F#	G	G#	●	A#	●	C	C#	D	D#	E	F	F#	G	G#	A	A#	B	C	C#
C	C#	D	D#	●	●	F#	G	G#	A	A#	B	C	C#	D	D#	E	F	F#	G	G#
G#	A	A#	●	●	C#	D	D#	E	F	F#	G	G#	A	A#	B	C	C#	D	D#	E
D#	E	●	F#	G	G#	●	A#	B	C	C#	D	D#	E	F	F#	G	G#	A	A#	B
A#	B	●	C#	D	D#	●	F	F#	G	G#	A	A#	B	C	C#	D	D#	E	F	F#
F	F#	G	G#	●	A#	●	C	C#	D	D#	E	F	F#	G	G#	A	A#	B	C	C#

KUMOI SCALE
SCALE:A-B-C-E-F#
CHORD:/ Am / TRIAD: A-C-E

F	F#	G	G#	●	A#	●	C	C#	D	D#	E	F	F#	G	G#	A	A#	B	C	C#
C	C#	D	D#	●	F	●	G	G#	A	A#	B	C	C#	D	D#	E	F	F#	G	G#
G#	A	A#	●	●	C#	D	D#	E	F	F#	G	G#	A	A#	B	C	C#	D	D#	E
D#	E	F	●	G	G#	●	A#	B	C	C#	D	D#	E	F	F#	G	G#	A	A#	B
A#	B	●	C#	D	D#	●	F	F#	G	G#	A	A#	B	C	C#	D	D#	E	F	F#
F	F#	G	G#	●	A#	●	C	C#	D	D#	E	F	F#	G	G#	A	A#	B	C	C#

MONGOLIAN
"Mongolian=Major Pentatonic=Chinese"
"5 notes"

SCALE:A-B-C#-E-F#
CHORD: / A / TRIAD: A-C#-E

F	F#	G	G#	A	A#	B	C	C#	D	D#	●	F	●	G	G#	●	A#	B	C	C#
C	C#	D	D#	E	F	F#	G	G#	●	A#	●	C	●	D	D#	E	F	F#	G	G#
G#	A	A#	B	C	C#	D	D#	●	F	●	G	G#	A	A#	B	C	C#	D	D#	E
D#	E	F	F#	G	G#	●	A#	●	C	●	D	D#	E	F	F#	G	G#	A	A#	B
A#	B	C	C#	D	D#	●	F	●	G	G#	A	A#	B	C	C#	D	D#	E	F	F#
F	F#	G	G#	●	A#	●	C	●	D	D#	E	F	F#	G	G#	A	A#	B	C	C#

46

PART II

DIAGRAMA VII

MODES OF NATURAL MINOR SCALE

"3-Notes-per-string scales"

I- AEOLIAN MODE

SCALE:A-B-C-D-E-F-G-A
CHORD: /Am/-/Am7/
TRIAD OF Am:A-C-E
TETRAD OF Am7:A-C-E-G

F	F#	G	G#	A	A#	●	●	C#	●	D#	E	F	F#	G	G#	A	A#	B	C	C#
C	C#	D	D#	E	●	F#	●	G#	●	A#	B	C	C#	D	D#	E	F	F#	G	G#
G#	A	A#	B	●	C#	●	D#	●	F	F#	G	G#	A	A#	B	C	C#	D	D#	E
D#	E	F	F#	●	G#	●	A#	●	C	C#	D	D#	E	F	F#	G	G#	A	A#	B
A#	B	C	C#	●	D#	●	●	F#	G	G#	A	A#	B	C	C#	D	D#	E	F	F#
F	F#	G	G#	●	A#	●	●	C#	D	D#	E	F	F#	G	G#	A	A#	B	C	C#

II-LOCRIAN MODE

SCALE:B-C-D-E-F-G-A-B
CHORD: /Bm(b5)/-/Bm7(b5)/
TRIAD OF Bm(b5):B-D-F
TETRAD OF Bm7(b5):B-D-F-A

F	F#	G	G#	A	A#	B	●	C#	●	D#	●	F	F#	G	G#	A	A#	B	C	C#
C	C#	D	D#	E	F	F#	●	G#	●	A#	●	C	C#	D	D#	E	F	F#	G	G#
G#	A	A#	B	C	C#	●	D#	●	●	F#	G	G#	A	A#	B	C	C#	D	D#	E
D#	E	F	F#	G	G#	●	A#	●	●	C#	D	D#	E	F	F#	G	G#	A	A#	B
A#	B	C	C#	D	D#	●	●	F#	●	G#	A	A#	B	C	C#	D	D#	E	F	F#
F	F#	G	G#	A	A#	●	●	C#	●	D#	E	F	F#	G	G#	A	A#	B	C	C#

48

III-IONIAN MODE
SCALE:C-D-E-F-G-A-B-C
CHORD: /C/-/CM7/
TRIAD OF C:C-E-G
TETRAD OF CM7:C-E-G-B

F	F#	G	G#	A	A#	B	C	C#	●	D#	●	●	F#	G	G#	A	A#	B	C	C#
C	C#	D	D#	E	F	F#	G	G#	●	A#	●	●	C#	D	D#	E	F	F#	G	G#
G#	A	A#	B	C	C#	D	D#	●	●	F#	●	G#	A	A#	B	C	C#	D	D#	E
D#	E	F	F#	G	G#	A	A#	●	●	C#	●	D#	E	F	F#	G	G#	A	A#	B
A#	B	C	C#	D	D#	E	●	F#	●	G#	●	A#	B	C	C#	D	D#	E	F	F#
F	F#	G	G#	A	A#	B	●	C#	●	D#	●	F	F#	G	G#	A	A#	B	C	C#

IV-DORIAN MODE
SCALE:D-E-F-G-A-B-C-D
CHORD: /Dm/-/Dm7/
TRIAD OF Dm:D-F-A
TETRAD OF Dm7:D-F-A-C

F	F#	G	G#	A	A#	B	C	C#	D	D#	●	●	F#	●	G#	A	A#	B	C	C#
C	C#	D	D#	E	F	F#	G	G#	A	A#	●	●	C#	●	D#	E	F	F#	G	G#
G#	A	A#	B	C	C#	D	D#	E	●	F#	●	G#	●	A#	B	C	C#	D	D#	E
D#	E	F	F#	G	G#	A	A#	B	●	C#	●	D#	●	F	F#	G	G#	A	A#	B
A#	B	C	C#	D	D#	E	F	F#	●	G#	●	A#	●	C	C#	D	D#	E	F	F#
F	F#	G	G#	A	A#	B	C	C#	●	D#	●	●	F#	G	G#	A	A#	B	C	C#

V-PHRYGIAN MODE
SCALE:E-F-G-A-B-C-D-E
CHORD: /Em/-/Em7/
TRIAD OF Em:E-G-B
TETRAD OF Em7:E-G-B-D

F	F#	G	G#	A	A#	B	C	C#	D	D#	E	●	F#	●	G#	●	A#	B	C	C#
C	C#	D	D#	E	F	F#	G	G#	A	A#	B	●	C#	●	D#	●	F	F#	G	G#
G#	A	A#	B	C	C#	D	D#	E	F	F#	●	G#	●	A#	●	C	C#	D	D#	E
D#	E	F	F#	G	G#	A	A#	B	C	C#	●	D#	●	●	F#	G	G#	A	A#	B
A#	B	C	C#	D	D#	E	F	F#	G	G#	●	A#	●	●	C#	D	D#	E	F	F#
F	F#	G	G#	A	A#	B	C	C#	D	D#	●	●	F#	●	G#	A	A#	B	C	C#

VI-LYDIAN MODE
SCALE:F-G-A-B-C-D-E-F
CHORD: /F/-/FM7/
TRIAD OF F:F-A-C
TETRAD OF FM7:F-A-C-E

F	F#	●	G#	●	A#	●	C	C#	D	D#	E	F	F#	G	G#	A	A#	B	C	C#
C	C#	●	D#	●	●	F#	G	G#	A	A#	B	C	C#	D	D#	E	F	F#	G	G#
G#	●	A#	●	●	C#	D	D#	E	F	F#	G	G#	A	A#	B	C	C#	D	D#	E
D#	●	●	F#	●	G#	A	A#	B	C	C#	D	D#	E	F	F#	G	G#	A	A#	B
A#	●	●	C#	●	D#	E	F	F#	G	G#	A	A#	B	C	C#	D	D#	E	F	F#
●	F#	●	G#	●	A#	B	C	C#	D	D#	E	F	F#	G	G#	A	A#	B	C	C#

VII-MIXOLYDIAN MODE
SCALE:G-A-B-C-D-E-F-G
CHORD: /G/-/G7/
TRIAD OF G:G-B-D
TETRAD OF G7:G-B-D-F

F	F#	G	G#	●	A#	●	●	C#	D	D#	E	F	F#	G	G#	A	A#	B	C	C#
C	C#	D	D#	●	●	F#	●	G#	A	A#	B	C	C#	D	D#	E	F	F#	G	G#
G#	A	A#	●	●	C#	●	D#	E	F	F#	G	G#	A	A#	B	C	C#	D	D#	E
D#	E	●	F#	●	G#	●	A#	B	C	C#	D	D#	E	F	F#	G	G#	A	A#	B
A#	B	●	C#	●	D#	●	F	F#	G	G#	A	A#	B	C	C#	D	D#	E	F	F#
F	F#	●	G#	●	A#	●	C	C#	D	D#	E	F	F#	G	G#	A	A#	B	C	C#

DIAGRAM VIII

MODES OF MELODIC MINOR SCALE

"3-Note-per-string scales"

I-MELODIC MINOR
SCALE: C-D-Eb-F-G-A-B-C
CHORD: /Cm(M7)/
TETRAD: C-Eb-G-B

F	F#	G	G#	A	A#	B	C	C#	●	●	E	●	F#	G	G#	A	A#	B	C	C#
C	C#	D	D#	E	F	F#	G	G#	●	A#	●	●	C#	D	D#	E	F	F#	G	G#
G#	A	A#	B	C	C#	D	●	E	●	F#	●	G#	A	A#	B	C	C#	D	D#	E
D#	E	F	F#	G	G#	A	A#	●	●	C#	●	D#	E	F	F#	G	G#	A	A#	B
A#	B	C	C#	D	D#	E	●	F#	●	G#	●	A#	B	C	C#	D	D#	E	F	F#
F	F#	G	G#	A	A#	B	●	C#	●	●	E	F	F#	G	G#	A	A#	B	C	C#

II-DORIAN (b2)
SCALE: D-Eb-F-G-A-B-C-D
CHORD: /Dm7/
TETRAD: D-F-A-C

F	F#	G	G#	A	A#	B	C	C#	D	●	E	●	F#	●	G#	A	A#	B	C	C#
C	C#	D	D#	E	F	F#	G	G#	A	A#	●	●	C#	●	D#	E	F	F#	G	G#
G#	A	A#	B	C	C#	D	D#	E	●	F#	●	G#	●	A#	B	C	C#	D	D#	E
D#	E	F	F#	G	G#	A	A#	B	●	C#	●	●	E	F	F#	G	G#	A	A#	B
A#	B	C	C#	D	D#	E	F	F#	●	G#	●	A#	●	C	C#	D	D#	E	F	F#
F	F#	G	G#	A	A#	B	C	C#	●	●	E	●	F#	G	G#	A	A#	B	C	C#

III-LYDIAN AUGMENTED=LYDIAN(#5)
SCALE: Eb-F-G-A-B-C-D-Eb
CHORD: /EbM7(#5)/
TETRAD: Eb-G-B-D

F	F#	G	G#	A	A#	B	C	C#	D	D#	E	●	F#	●	G#	●	A#	B	C	C#
C	C#	D	D#	E	F	F#	G	G#	A	A#	B	●	C#	●	●	E	F	F#	G	G#
G#	A	A#	B	C	C#	D	D#	E	F	F#	●	G#	●	A#	●	C	C#	D	D#	E
D#	E	F	F#	G	G#	A	A#	B	C	C#	●	●	E	●	F#	G	G#	A	A#	B
A#	B	C	C#	D	D#	E	F	F#	G	G#	●	A#	●	●	C#	D	D#	E	F	F#
F	F#	G	G#	A	A#	B	C	C#	D	●	E	●	F#	●	G#	A	A#	B	C	C#

IV-LYDIAN DOMINANT=LYDIAN(b7)
SCALE: F-G-A-B-C-D-Eb-F
CHORD: /F7/
TETRAD: F-A-C-Eb

F	F#	●	G#	●	A#	●	C	C#	D	D#	E	F	F#	G	G#	A	A#	B	C	C#
C	C#	●	●	E	●	F#	G	G#	A	A#	B	C	C#	D	D#	E	F	F#	G	G#
G#	●	A#	●	●	C#	D	D#	E	F	F#	G	G#	A	A#	B	C	C#	D	D#	E
●	E	●	F#	●	G#	A	A#	B	C	C#	D	D#	E	F	F#	G	G#	A	A#	B
A#	●	●	C#	●	D#	E	F	F#	G	G#	A	A#	B	C	C#	D	D#	E	F	F#
●	F#	●	G#	●	A#	B	C	C#	D	D#	E	F	F#	G	G#	A	A#	B	C	C#

V-MIXOLYDIAN(b6)=HINDU
SCALE: G-A-B-C-D-Eb-F-G
CHORD: /G7/
TETRAD: G-B-D-F

F	F#	G	G#	●	A#	●	●	C#	D	D#	E	F	F#	G	G#	A	A#	B	C	C#
C	C#	D	●	E	●	F#	●	G#	A	A#	B	C	C#	D	D#	E	F	F#	G	G#
G#	A	A#	●	●	C#	●	D#	E	F	F#	G	G#	A	A#	B	C	C#	D	D#	E
D#	E	●	F#	●	G#	●	A#	B	C	C#	D	D#	E	F	F#	G	G#	A	A#	B
A#	B	●	C#	●	●	E	F	F#	G	G#	A	A#	B	C	C#	D	D#	E	F	F#
F	F#	●	G#	●	A#	●	C	C#	D	D#	E	F	F#	G	G#	A	A#	B	C	C#

VI-AEOLIAN (b5)
SCALE: A-B-C-D-Eb-F-G-A
CHORD: /Am7(b5)/
TETRAD: A-C-Eb-G

F	F#	G	G#	A	A#	●	●	C#	●	D#	E	F	F#	G	G#	A	A#	B	C	C#
C	C#	D	D#	E	●	F#	●	G#	●	A#	B	C	C#	D	D#	E	F	F#	G	G#
G#	A	A#	B	●	C#	●	●	E	F	F#	G	G#	A	A#	B	C	C#	D	D#	E
D#	E	F	F#	●	G#	●	A#	●	C	C#	D	D#	E	F	F#	G	G#	A	A#	B
A#	B	C	C#	●	●	E	●	F#	G	G#	A	A#	B	C	C#	D	D#	E	F	F#
F	F#	G	G#	●	A#	●	●	C#	D	D#	E	F	F#	G	G#	A	A#	B	C	C#

VII- SUPER LOCRIAN=ALTERED SCALE
SCALE: B-C-D-Eb-F-G-A-B
CHORD: /Bm7(b5)/
TETRAD: B-D-F-A

F	F#	G	G#	A	A#	B	●	C#	●	●	E	F	F#	G	G#	A	A#	B	C	C#
C	C#	D	D#	E	F	F#	●	G#	●	A#	●	C	C#	D	D#	E	F	F#	G	G#
G#	A	A#	B	C	C#	●	●	E	●	F#	G	G#	A	A#	B	C	C#	D	D#	E
D#	E	F	F#	G	G#	●	A#	●	●	C#	D	D#	E	F	F#	G	G#	A	A#	B
A#	B	C	C#	D	●	E	●	F#	●	G#	A	A#	B	C	C#	D	D#	E	F	F#
F	F#	G	G#	A	A#	●	●	C#	●	D#	E	F	F#	G	G#	A	A#	B	C	C#

I-MELODIC MINOR
"Fingering pattern #1 with slide-see page 10"
SCALE: C-D-Eb-F-G-A-B-C
CHORD: /Cm(M7)/
TETRAD: C-Eb-G-B

F	F#	G	G#	A	A#	B	C	C#	D	D#	E	●	F#	●	G#	●	A#	B	C	C#
C	C#	D	D#	E	F	F#	G	G#	A	A#	●	● (SL→)	C#	●	●	E	F	F#	G	G#
G#	A	A#	B	C	C#	D	D#	E	●	F#	●	G#	●	A#	B	C	C#	D	D#	E
D#	E	F	F#	G	G#	A	A#	●	● (SL→)	C#	●	●	E	F	F#	G	G#	A	A#	B
A#	B	C	C#	D	D#	E	●	F#	●	G#	●	A#	B	C	C#	D	D#	E	F	F#
F	F#	G	G#	A	A#	B	●	C#	●	●	E	F	F#	G	G#	A	A#	B	C	C#

II-DORIAN (b2)
SCALE: D-Eb-F-G-A-B-C-D
CHORD: /Dm7/
TETRAD: D-F-A-C

F	F#	G	G#	A	A#	B	C	C#	D	D#	E	F	F#	●	G#	●	A#	●	C	C#
C	C#	D	D#	E	F	F#	G	G#	A	A#	B	● (SL→)	C#	●	●	E	●	F#	G	G#
G#	A	A#	B	C	C#	D	D#	E	F	F#	●	G#	●	A#	●	C	C#	D	D#	E
D#	E	F	F#	G	G#	A	A#	B	● (SL→)	C#	●	●	E	●	F#	G	G#	A	A#	B
A#	B	C	C#	D	D#	E	F	F#	●	G#	●	A#	●	C	C#	D	D#	E	F	F#
F	F#	G	G#	A	A#	B	C	C#	●	●	E	●	F#	G	G#	A	A#	B	C	C#

III-LYDIAN AUGMENTED=LYDIAN (#5)
SCALE: Eb-F-G-A-B-C-D-Eb
CHORD: /EbM7(#5)/
TETRAD: Eb-G-B-D

F	F#	G	G#	A	A#	B	C	C#	D	D#	E	F	F#	G	G#	●	A#	●	●	C#
C	C#	D	D#	E	F	F#	G	G#	A	A#	B	C	C#	● (SL)	●	E	●	F#	●	G#
G#	A	A#	B	C	C#	D	D#	E	F	F#	G	G#	●	A#	●	●	C#	D	D#	E
D#	E	F	F#	G	G#	A	A#	B	C	C#	● (SL)	●	E	●	F#	●	G#	A	A#	B
A#	B	C	C#	D	D#	E	F	F#	G	G#	●	A#	●	●	C#	D	D#	E	F	F#
F	F#	G	G#	A	A#	B	C	C#	D	●	E	●	F#	●	G#	A	A#	B	C	C#

IV-LYDIAN DOMINANT=(b7)
SCALE: F-G-A-B-C-D-Eb-F
CHORD: /F7/
TETRAD: F-A-C-Eb

F	F#	G	G#	A	A#	●	●	C#	●	D#	E	F	F#	G	G#	A	A#	B	C	C#
C	C#	D	● (SL)	E	●	F#	●	G#	●	A#	B	C	C#	D	D#	E	F	F#	G	G#
G#	A	A#	●	●	C#	●	D#	E	F	F#	G	G#	A	A#	B	C	C#	D	D#	E
● (SL)	E	●	F#	●	G#	●	A#	B	C	C#	D	D#	E	F	F#	G	G#	A	A#	B
A#	●	●	C#	●	D#	E	F	F#	G	G#	A	A#	B	C	C#	D	D#	E	F	F#
●	F#	●	G#	●	A#	B	C	C#	D	D#	E	F	F#	G	G#	A	A#	B	C	C#

V-MIXOLYDIAN(b6)=HINDU
SCALE: G-A-B-C-D-Eb-F-G
CHORD: /G7/
TETRAD: G-B-D-F

F	F#	G	G#	A	A#	B	●	C#	●	●	E	F	F#	G	G#	A	A#	B	C	C#
C	C#	D	D#	E	●	F#	●	G#	●	A#	●	C	C#	D	D#	E	F	F#	G	G#
G#	A	A#	B	●	C#	●	●	E	F	F#	G	G#	A	A#	B	C	C#	D	D#	E
D#	E	●	F#	●	G#	●	A#	●	C	C#	D	D#	E	F	F#	G	G#	A	A#	B
A#	B	●	C#	●	●	E	F	F#	G	G#	A	A#	B	C	C#	D	D#	E	F	F#
F	F#	●	G#	●	A#	●	C	C#	D	D#	E	F	F#	G	G#	A	A#	B	C	C#

VI-AEOLIAN (b5)
SCALE: A-B-C-D-Eb-F-G-A
CHORD: /Am7(b5)/
TETRAD: A-C-Eb-G

F	F#	G	G#	A	A#	B	C	C#	●	●	E	●	F#	G	G#	A	A#	B	C	C#
C	C#	D	D#	E	F	F#	●	G#	●	A#	●	●	C#	D	D#	E	F	F#	G	G#
G#	A	A#	B	C	C#	●	●	E	●	F#	G	G#	A	A#	B	C	C#	D	D#	E
D#	E	F	F#	●	G#	●	A#	●	●	C#	D	D#	E	F	F#	G	G#	A	A#	B
A#	B	C	C#	●	●	E	●	F#	G	G#	A	A#	B	C	C#	D	D#	E	F	F#
F	F#	G	G#	●	A#	●	●	C#	D	D#	E	F	F#	G	G#	A	A#	B	C	C#

VII- SUPER LOCRIAN=ALTERED SCALE
SCALE: B-C-D-Eb-F-G-A-B
CHORD: /Bm7(b5)/
TETRAD: B-D-F-A

F	F#	G	G#	A	A#	B	C	C#	D	●	E	●	F#	●	G#	A	A#	B	C	C#
C	C#	D	D#	E	F	F#	G	G#	●	A#	●	●	C#	●	D#	E	F	F#	G	G#
G#	A	A#	B	C	C#	D	●	E	●	F#	●	G#	A	A#	B	C	C#	D	D#	E
D#	E	F	F#	G	G#	●	A#	●	●	C#	●	D#	E	F	F#	G	G#	A	A#	B
A#	B	C	C#	D	●	E	●	F#	●	G#	A	A#	B	C	C#	D	D#	E	F	F#
F	F#	G	G#	A	A#	●	●	C#	●	D#	E	F	F#	G	G#	A	A#	B	C	C#

I-MELODIC MINOR
"Fingering pattern #2 with slide-see page 10"
SCALE: C-D-Eb-F-G-A-B-C
CHORD: /Cm(M7)/
TETRAD: C-Eb-G-B

F	F#	G	G#	A	A#	●	●	C#	D	D#	E	F	F#	G	G#	A	A#	B	C	C#
C	C#	D	D# (SL)	E	●	F#	●	G#	●	A#	B	C	C#	D	D#	E	F	F#	G	G#
G#	A	A#	●	●	C#	●	●	E	F	F#	G	G#	A	A#	B	C	C#	D	D#	E
D#	E	●	F#	●	G#	●	A#	B	C	C#	D	D#	E	F	F#	G	G#	A	A#	B
A#	B	●	C#	●	●	E	F	F#	G	G#	A	A#	B	C	C#	D	D#	E	F	F#
F	F#	G	G#	A	A#	B	C	C#	D	D#	E	F	F#	G	G#	A	A#	B	C	C#

II-DORIAN (b2)
SCALE: D-Eb-F-G-A-B-C-D
CHORD: /Dm7/
TETRAD: D-F-A-C

F	F#	G	G#	●	A#	●	●	C#	●	D#	E	F	F#	G	G#	A	A#	B	C	C#
C	C#	D	D#	E	●	F#	●	G#	A	A#	B	C	C#	D	D#	E	F	F#	G	G#
G#	A	A#	B	●	C#	●	●	E	F	F#	G	G#	A	A#	B	C	C#	D	D#	E
D#	E	F	F#	●	G#	●	A#	●	C	C#	D	D#	E	F	F#	G	G#	A	A#	B
A#	B	C	C#	●	●	E	●	F#	G	G#	A	A#	B	C	C#	D	D#	E	F	F#
F	F#	G	G#	A	A#	B	C	C#	D	D#	E	F	F#	G	G#	A	A#	B	C	C#

III-LYDIAN AUGMENTED=LYDIAN(#5)

SCALE: Eb-F-G-A-B-C-D-Eb
CHORD: /EbM7(#5)/
TETRAD: Eb-G-B-D

F	F#	G	G#	A	A#	B	C	C#	●	●	E	F	F#	G	G#	A	A#	B	C	C#
C	C#	D	D#	E	F	F#	G	G#	●	A#	●	●	C#	D	D#	E	F	F#	G	G#
G#	A	A#	B	C	C#	●	●	E	●	F#	●	G#	A	A#	B	C	C#	D	D#	E
D#	E	F	F#	G	G#	●	A#	●	●	C#	D	D#	E	F	F#	G	G#	A	A#	B
A#	B	C	C#	D	●	E	●	F#	●	G#	A	A#	B	C	C#	D	D#	E	F	F#
F	F#	G	G#	A	A#	B	C	C#	D	D#	E	F	F#	G	G#	A	A#	B	C	C#

IV-LYDIAN DOMINANT(b7)

SCALE: F-G-A-B-C-D-Eb-F
CHORD: /F7/
TETRAD: F-A-C-Eb

F	F#	G	G#	A	A#	B	C	C#	D	●	E	●	F#	G	G#	A	A#	B	C	C#
C	C#	D	D#	E	F	F#	G	G#	A	A#	●	●	C#	●	D#	E	F	F#	G	G#
G#	A	A#	B	C	C#	D	●	E	●	F#	●	G#	●	A#	B	C	C#	D	D#	E
D#	E	F	F#	G	G#	A	A#	●	●	C#	●	D#	E	F	F#	G	G#	A	A#	B
A#	B	C	C#	D	D#	E	●	F#	●	G#	●	A#	B	C	C#	D	D#	E	F	F#
F	F#	G	G#	A	A#	B	C	C#	D	D#	E	F	F#	G	G#	A	A#	B	C	C#

V-MIXOLYDIAN(b6)=HINDU
SCALE: G-A-B-C-D-Eb-F-G
CHORD: /G7/
TETRAD: G-B-D-F

F	F#	G	G#	A	A#	B	C	C#	D	D#	E	●	F#	●	G#	A	A#	B	C	C#
C	C#	D	D#	E	F	F#	G	G#	A	A#	B	●	C#	●	●	E	F	F#	G	G#
G#	A	A#	B	C	C#	D	D#	E	●	F#	●	G#	●	A#	●	C	C#	D	D#	E
D#	E	F	F#	G	G#	A	A#	B	●	C#	●	●	E	F	F#	G	G#	A	A#	B
A#	B	C	C#	D	D#	E	F	F#	●	G#	●	A#	●	C	C#	D	D#	E	F	F#
F	F#	G	G#	A	A#	B	C	C#	D	D#	E	F	F#	G	G#	A	A#	B	C	C#

VI-AEOLIAN (b5)
SCALE: A-B-C-D-Eb-F-G-A
CHORD: /Am7(b5)/
TETRAD: A-C-Eb-G

F	F#	G	G#	A	A#	B	C	C#	D	D#	E	●	F#	●	G#	●	A#	B	C	C#
C	C#	D	D#	E	F	F#	G	G#	A	A#	B	●	C#	●	●	E	F	F#	G	G#
G#	A	A#	B	C	C#	D	D#	E	F	F#	●	G#	●	A#	●	C	C#	D	D#	E
D#	E	F	F#	G	G#	A	A#	B	C	C#	●	●	E	●	F#	G	G#	A	A#	B
A#	B	C	C#	D	D#	E	F	F#	G	G#	●	A#	●	●	C#	D	D#	E	F	F#
F	F#	G	G#	A	A#	B	C	C#	D	D#	E	F	F#	G	G#	A	A#	B	C	C#

VII- SUPER LOCRIAN=ALTERED SCALE
SCALE: B-C-D-Eb-F-G-A-B
CHORD: /Bm7(b5)/
TETRAD: B-D-F-A

F	F#	G	G#	●	A#	●	C	C#	D	D#	E	F	F#	G	G#	A	A	B	C	C#
C	C#	D	●	E	●	F#	●	G#	A	A#	B	C	C#	D	D#	E	F	F#	G	G#
G#	●	A#	●	●	C#	●	D#	E	F	F#	G	G#	A	A#	B	C	C#	D	D#	E
●	E	●	F#	●	G#	A	A#	B	C	C#	D	D#	E	F	F#	G	G#	A	A#	B
A#	●	●	C#	●	D#	E	F	F#	G	G#	A	A#	B	C	C#	D	D#	E	F	F#
F	F#	G	G#	A	A#	B	C	C#	D	D#	E	F	F#	G	G#	A	A#	B	C	C#

DIAGRAMA IX
MODES OF HARMONIC MINOR SCALE

"3-Note-per-string scales"

I-HARMONIC MINOR
SCALE: C-D-Eb-F-G-Ab-B-C
CHORD: /Cm(M7)/
TETRAD: C-Eb-G-B

F	F#	G	G#	A	A#	B	C	C#	●	●	E	●	F#	G	G#	A	A#	B	C	C#
C	C#	D	D#	E	F	F#	G	●	A	A#	●	●	C#	D	D#	E	F	F#	G	G#
G#	A	A#	B	C	C#	D	●	E	●	F#	●	G#	A	A#	B	C	C#	D	D#	E
D#	E	F	F#	G	G#	A	A#	●	●	C#	●	D#	E	F	F#	G	G#	A	A#	B
A#	B	C	C#	D	D#	E	●	F#	●	●	A	A#	B	C	C#	D	D#	E	F	F#
F	F#	G	G#	A	A#	B	●	C#	●	●	E	F	F#	G	G#	A	A#	B	C	C#

II- LOCRIAN NATURAL (6)
SCALE: D-Eb-F-G-Ab-B-C-D
CHORD: /Dm7(b5)/
TETRAD: D-F-Ab-C

F	F#	G	G#	A	A#	B	C	C#	D	●	E	●	F#	●	G#	A	A#	B	C	C#
C	C#	D	D#	E	F	F#	G	G#	A	A#	●	●	C#	●	D#	E	F	F#	G	G#
G#	A	A#	B	C	C#	D	D#	E	●	F#	●	●	A	A#	B	C	C#	D	D#	E
D#	E	F	F#	G	G#	A	A#	B	●	C#	●	●	E	F	F#	G	G#	A	A#	B
A#	B	C	C#	D	D#	E	F	F#	●	●	A	A#	●	C	C#	D	D#	E	F	F#
F	F#	G	G#	A	A#	B	C	C#	●	●	E	●	F#	G	G#	A	A#	B	C	C#

III-IONIAN (#5)
SCALE: Eb-F-G-Ab-B-C-D-Eb
CHORD: /EbM7(#5)/
TETRAD: Eb-G-B-D

F	F#	G	G#	A	A#	B	C	C#	D	D#	E	●	F#	●	●	A	A#	B	C	C#
C	C#	D	D#	E	F	F#	G	G#	A	A#	B	●	C#	●	●	E	F	F#	G	G#
G#	A	A#	B	C	C#	D	D#	E	F	F#	●	●	A	A#	●	C	C#	D	D#	E
D#	E	F	F#	G	G#	A	A#	B	C	C#	●	●	E	●	F#	G	G#	A	A#	B
A#	B	C	C#	D	D#	E	F	F#	G	●	A	A#	●	●	C#	D	D#	E	F	F#
F	F#	G	G#	A	A#	B	C	C#	D	●	E	●	F#	●	G#	A	A#	B	C	C#

IV-DORIAN (#4)
SCALE: F-G-Ab-B-C-D-Eb-F
CHORD: /Fm7/
TETRAD: F-Ab-C-Eb

F	F#	●	●	A	A#	●	C	C#	D	D#	E	F	F#	G	G#	A	A#	B	C	C#
C	C#	●	●	E	●	F#	G	G#	A	A#	B	C	C#	D	D#	E	F	F#	G	G#
●	A	A#	●	●	C#	D	D#	E	F	F#	G	G#	A	A#	B	C	C#	D	D#	E
●	E	●	F#	●	G#	A	A#	B	C	C#	D	D#	E	F	F#	G	G#	A	A#	B
A#	●	●	C#	●	D#	E	F	F#	G	G#	A	A#	B	C	C#	D	D#	E	F	F#
●	F#	●	●	A	A#	B	C	C#	D	D#	E	F	F#	G	G#	A	A#	B	C	C#

V-PHRYGIAN MAJOR
SCALE: G-Ab-B-C-D-Eb-F-G
CHORD: /G7/
TETRAD:G-B-D-F

F	F#	G	●	A	A#	●	●	C#	D	D#	E	F	F#	G	G#	A	A#	B	C	C#
C	C#	D	●	E	●	F#	●	G#	A	A#	B	C	C#	D	D#	E	F	F#	G	G#
G#	A	A#	●	●	C#	●	D#	E	F	F#	G	G#	A	A#	B	C	C#	D	D#	E
D#	E	●	F#	●	●	A	A#	B	C	C#	D	D#	E	F	F#	G	G#	A	A#	B
A#	B	●	C#	●	●	E	F	F#	G	G#	A	A#	B	C	C#	D	D#	E	F	F#
F	F#	●	●	A	A#	●	C	C#	D	D#	E	F	F#	G	G#	A	A#	B	C	C#

VI-LYDIAN (#2)
SCALE: Ab-B-C-D-Eb-F-G-Ab
CHORD: /AbM7/
TETRAD: Ab-C-Eb-G

F	F#	G	G#	A	A#	●	●	C#	●	D#	E	F	F#	G	G#	A	A#	B	C	C#
C	C#	D	D#	E	●	F#	●	●	A	A#	B	C	C#	D	D#	E	F	F#	G	G#
G#	A	A#	B	●	C#	●	●	E	F	F#	G	G#	A	A#	B	C	C#	D	D#	E
D#	E	F	F#	●	●	A	A#	●	C	C#	D	D#	E	F	F#	G	G#	A	A#	B
A#	B	C	C#	●	●	E	●	F#	G	G#	A	A#	B	C	C#	D	D#	E	F	F#
F	F#	G	●	A	A#	●	●	C#	D	D#	E	F	F#	G	G#	A	A#	B	C	C#

VII-MODE 7 HARMONIC MINOR= ALT (bb 7)
SCALE: B-C-D-Eb-F-G-Ab-B
CHORD: /Bdim/
TETRAD: B-D-F-Ab

F	F#	G	G#	A	A#	B	●	C#	●	●	E	F	F#	G	G#	A	A#	B	C	C#
C	C#	D	D#	E	F	F#	●	●	A	A#	●	C	C#	D	D#	E	F	F#	G	G#
G#	A	A#	B	C	C#	●	●	E	●	F#	G	G#	A	A#	B	C	C#	D	D#	E
D#	E	F	F#	G	●	A	A#	●	●	C#	D	D#	E	F	F#	G	G#	A	A#	B
A#	B	C	C#	D	●	E	●	F#	●	G#	A	A#	B	C	C#	D	D#	E	F	F#
F	F#	G	G#	A	A#	●	●	C#	●	D#	E	F	F#	G	G#	A	A#	B	C	C#

I-HARMONIC MINOR
"Fingering pattern #1 with slide-see page 10"
SCALE: C-D-Eb-F-G-Ab-B-C
CHORD: /Cm(M7)/
TETRAD: C-Eb-G-B

F	F#	G	G#	A	A#	B	C	C#	D	D#	E	● SL	F#	●	●	A	A#	B	C	C#
C	C#	D	D#	E	F	F#	G	G#	A	A#	●	● SL	C#	●	●	E	F	F#	G	G#
G#	A	A#	B	C	C#	D	D#	E	●	F#	●	●	A	A#	B	C	C#	D	D#	E
D#	E	F	F#	G	G#	A	A#	● SL	●	C#	●	●	E	F	F#	G	G#	A	A#	B
A#	B	C	C#	D	D#	E	●	F#	●	●	A	A#	B	C	C#	D	D#	E	F	F#
F	F#	G	G#	A	A#	B	●	C#	●	●	E	F	F#	G	G#	A	A#	B	C	C#

II- LOCRIAN NATURAL (6)
SCALE: D-Eb-F-G-Ab-B-C-D
CHORD: /Dm7(b5)/
TETRAD: D-F-Ab-C

F	F#	G	G#	A	A#	B	C	C#	D	D#	E	F	F# SL	●	●	A	A#	●	C	C#
C	C#	D	D#	E	F	F#	G	G#	A	A#	B	●	C# SL	●	●	E	●	F#	G	G#
G#	A	A#	B	C	C#	D	D#	E	F	F# SL	●	●	A	A#	●	C	C#	D	D#	E
D#	E	F	F#	G	G#	A	A#	B	●	C# SL	●	●	E	●	F#	G	G#	A	A#	B
A#	B	C	C#	D	D#	E	F	F#	●	●	A	A#	●	C	C#	D	D#	E	F	F#
F	F#	G	G#	A	A#	B	C	C#	●	●	E	●	F#	G	G#	A	A#	B	C	C#

III-IONIAN (#5)
SCALE: Eb-F-G-Ab-B-C-D-Eb
CHORD: /EbM7(#5)/
TETRAD: Eb-G-B-D

F	F#	G	G#	A	A#	B	C	C#	D	D#	E	F	F#	G	●	A	A#	●	●	C#
C	C#	D	D#	E	F	F#	G	G#	A	A#	B	C	C#	● (SL→)	●	E	●	F#	●	G#
G#	A	A#	B	C	C#	D	D#	E	F	F#	G	●	A	A#	●	●	C#	D	D#	E
D#	E	F	F#	G	G#	A	A#	B	C	C#	● (SL→)	●	E	●	F#	●	G#	A	A#	B
A#	B	C	C#	D	D#	E	F	F#	G	●	A	A#	●	●	C#	D	D#	E	F	F#
F	F#	G	G#	A	A#	B	C	C#	D	●	E	●	F#	●	G#	A	A#	B	C	C#

IV-DORIAN (#4)
SCALE: F-G-Ab-B-C-D-Eb-F
CHORD: /Fm7/
TETRAD: F-Ab-C-Eb

F	F#	G	G#	A	A#	●	●	C#	●	D#	E	F	F#	G	G#	A	A#	B	C	C#
C	C#	D	●	E (SL→)	●	F#	●	●	A	A#	B	C	C#	D	D#	E	F	F#	G	G#
G#	A	A#	●	●	C#	●	D#	E	F	F#	G	G#	A	A#	B	C	C#	D	D#	E
● (SL→)	E	●	F#	●	●	A	A#	B	C	C#	D	D#	E	F	F#	G	G#	A	A#	B
A#	●	●	C#	●	D#	E	F	F#	G	G#	A	A#	B	C	C#	D	D#	E	F	F#
●	F#	●	●	A	A#	B	C	C#	D	D#	E	F	F#	G	G#	A	A#	B	C	C#

V-PHRYGIAN MAJOR
SCALE: G-Ab-B-C-D-Eb-F-G
CHORD: /G7/
TETRAD:G-B-D-F

F	F#	G	G#	A	A#	B	●	C#	●	●	E	F	F#	G	G#	A	A#	B	C	C#
C	C#	D	D#	E	●	F#	●	●	A	A#	●	C	C#	D	D#	E	F	F#	G	G#
G#	A	A#	B	●	C#	●	●	E	F	F#	G	G#	A	A#	B	C	C#	D	D#	E
D#	E	●	F#	●	●	A	A#	●	C	C#	D	D#	E	F	F#	G	G#	A	A#	B
A#	B	●	C#	●	●	E	F	F#	G	G#	A	A#	B	C	C#	D	D#	E	F	F#
F	F#	●	●	A	A#	●	C	C#	D	D#	E	F	F#	G	G#	A	A#	B	C	C#

VI-LYDIAN (#2)
SCALE: Ab-B-C-D-Eb-F-G-Ab
CHORD: /AbM7/
TETRAD: Ab-C-Eb-G

F	F#	G	G#	A	A#	B	C	C#	●	●	E	●	F#	G	G#	A	A#	B	C	C#
C	C#	D	D#	E	F	F#	●	●	A	A#	●	●	C#	D	D#	E	F	F#	G	G#
G#	A	A#	B	C	C#	●	●	E	●	F#	G	G#	A	A#	B	C	C#	D	D#	E
D#	E	F	F#	●	●	A	A#	●	●	C#	D	D#	E	F	F#	G	G#	A	A#	B
A#	B	C	C#	●	●	E	●	F#	G	G#	A	A#	B	C	C#	D	D#	E	F	F#
F	F#	G	●	A	A#	●	●	C#	D	D#	E	F	F#	G	G#	A	A#	B	C	C#

VII-MODE 7 HARMONIC MINOR= ALT (bb 7)
SCALE: B-C-D-Eb-F-G-Ab-B
CHORD: /Bdim/
TETRAD: B-D-F-Ab

F	F#	G	G#	A	A#	B	C	C#	D	●	E	●	F#	●	G#	A	A#	B	C	C#
C	C#	D	D#	E	F	F#	G	●	A	A#	●	●	C#	●	D#	E	F	F#	G	G#
G#	A	A#	B	C	C#	D	●	E	●	F#	●	G#	A	A#	B	C	C#	D	D#	E
D#	E	F	F#	G	●	A	A#	●	●	C#	●	D#	E	F	F#	G	G#	A	A#	B
A#	B	C	C#	D	●	E	●	F#	●	G#	A	A#	B	C	C#	D	D#	E	F	F#
F	F#	G	G#	A	A#	●	●	C#	●	D#	E	F	F#	G	G#	A	A#	B	C	C#

I-HARMONIC MINOR
"Fingering pattern #2 with slide-see page 10"
SCALE: C-D-Eb-F-G-Ab-B-C
CHORD: /Cm(M7)/
TETRAD: C-Eb-G-B

SL →

F	F#	●	●	A	A#	●	●	C#	D	D#	E	F	F#	G	G#	A	A#	B	C	C#
C	C#	●	●	E	●	F#	G	G#	A	A#	B	C	C#	D	D#	E	F	F#	G	G#
G#	A	A#	●	●	C#	D	D#	E	F	F#	G	G#	A	A#	B	C	C#	D	D#	E
D#	E	●	F#	●	●	A	A#	B	C	C#	D	D#	E	F	F#	G	G#	A	A#	B
A#	B	●	C#	●	●	E	F	F#	G	G#	A	A#	B	C	C#	D	D#	E	F	F#
F	F#	G	G#	A	A#	B	C	C#	D	D#	E	F	F#	G	G#	A	A#	B	C	C#

II- LOCRIAN NATURAL (6)
SCALE: D-Eb-F-G-Ab-B-C-D
CHORD: /Dm7(b5)/
TETRAD: D-F-Ab-C

F	F#	G	G#	A	A#	B	●	C#	●	D#	E	F	F#	G	G#	A	A#	B	C	C#
C	C#	D	D#	E	F	F#	●	●	A	A#	●	C	C#	D	D#	E	F	F#	G	G#
G#	A	A#	B	●	C#	●	●	E	●	F#	G	G#	A	A#	B	C	C#	D	D#	E
D#	E	F	F#	●	●	A	A#	●	C	C#	D	D#	E	F	F#	G	G#	A	A#	B
A#	B	C	C#	●	●	E	●	F#	G	G#	A	A#	B	C	C#	D	D#	E	F	F#
F	F#	G	G#	A	A#	B	C	C#	D	D#	E	F	F#	G	G#	A	A#	B	C	C#

SL →

III-IONIAN (#5)
SCALE: Eb-F-G-Ab-B-C-D-Eb
CHORD: /EbM7(#5)/
TETRAD: Eb-G-B-D

F	F#	G	G#	A	A#	B	C	C#	●	●	E	F	F#	G	G#	A	A#	B	C	C#
C	C#	D	D#	E	F	F#	G	●	A	A#	●	●	C#	D	D#	E	F	F#	G	G#
G#	A	A#	B	C	C#	●	●	E	●	F#	●	G#	A	A#	B	C	C#	D	D#	E
D#	E	F	F#	G	●	A	A#	●	●	C#	D	D#	E	F	F#	G	G#	A	A#	B
A#	B	C	C#	D	●	E	●	F#	●	G#	A	A#	B	C	C#	D	D#	E	F	F#
F	F#	G	G#	A	A#	B	C	C#	D	D#	E	F	F#	G	G#	A	A#	B	C	C#

IV-DORIAN (#4)
SCALE: F-G-Ab-B-C-D-Eb-F
CHORD: /Fm7/
TETRAD: F-Ab-C-Eb

F	F#	G	G#	A	A#	B	●	C#	●	●	E	●	F#	G	G#	A	A#	B	C	C#
C	C#	D	D#	E	F	F#	●	●	A	A#	●	C	C#	D	D#	E	F	F#	G	G#
G#	A	A#	B	C	C#	D	●	E	●	F#	G	G#	A	A#	B	C	C#	D	D#	E
D#	E	F	F#	G	G#	A	A#	●	●	C#	●	D#	E	F	F#	G	G#	A	A#	B
A#	B	C	C#	D	D#	E	●	F#	●	●	A	A#	B	C	C#	D	D#	E	F	F#
F	F#	G	G#	A	A#	B	C	C#	D	D#	E	F	F#	G	G#	A	A#	B	C	C#

73

V-PHRYGIAN MAJOR
SCALE: G-Ab-B-C-D-Eb-F-G
CHORD: /G7/
TETRAD:G-B-D-F

(SL slide marker above columns 10–11, top string)

F	F#	G	G#	A	A#	B	C	C#	●	●	E	●	F#	●	G#	A	A#	B	C	C#
C	C#	D	D#	E	F	F#	G	G#	A	A#	●	●	C#	D	D#	E	F	F#	G	G#
G#	A	A#	B	C	C#	D	D#	E	●	F#	●	●	A	A#	B	C	C#	D	D#	E
D#	E	F	F#	G	G#	A	A#	B	●	C#	●	●	E	F	F#	G	G#	A	A#	B
A#	B	C	C#	D	D#	E	F	F#	●	●	A	A#	●	C	C#	D	D#	E	F	F#
F	F#	G	G#	A	A#	B	C	C#	D	D#	E	F	F#	G	G#	A	A#	B	C	C#

VI-LYDIAN (#2)
SCALE: Ab-B-C-D-Eb-F-G-Ab
CHORD: /AbM7/
TETRAD: Ab-C-Eb-G

(SL slide marker above columns 12–13, third string)

F	F#	G	G#	A	A#	B	C	C#	D	D#	E	F	F#	●	●	A	A#	B	C	C#
C	C#	D	D#	E	F	F#	G	G#	A	A#	B	C	C#	●	●	E	●	F#	G	G#
G#	A	A#	B	C	C#	D	D#	E	F	F#	●	●	A	A#	●	●	C#	D	D#	E
D#	E	F	F#	G	G#	A	A#	B	C	C#	●	●	E	●	F#	G	G#	A	A#	B
A#	B	C	C#	D	D#	E	F	F#	G	●	A	A#	●	●	C#	D	D#	E	F	F#
F	F#	G	G#	A	A#	B	C	C#	D	D#	E	F	F#	G	G#	A	A#	B	C	C#

74

VII-MODE 7 HARMONIC MINOR= ALT (bb 7)
SCALE: B-C-D-Eb-F-G-Ab-B
CHORD: /Bdim/
TETRAD: B-D-F-Ab

F	F#	G	●	A	A#	●	C	C#	D	D#	E	F	F#	G	G#	A	A#	B	C	C#
C	C#	D	●	E	●	F#	●	G#	A	A#	B	C	C#	D	D#	E	F	F#	G	G#
●	A	A#	●	●	C#	●	D#	E	F	F#	G	G#	A	A#	B	C	C#	D	D#	E
●	E	●	F#	●	G#	A	A#	B	C	C#	D	D#	E	F	F#	G	G#	A	A#	B
A#	●	●	C#	●	D#	E	F	F#	G	G#	A	A#	B	C	C#	D	D#	E	F	F#
F	F#	G	G#	A	A#	B	C	C#	D	D#	E	F	F#	G	G#	A	A#	B	C	C#

DIAGRAM X
BEBOP SCALES
"3-Note-per-string scales"

BEBOP MAJOR

SCALE: C-D-E-F-G-G#-A-B-C
TRIAD /C/ : C-E-G
TETRADS /CM7/: C-E-G-B   CM7(9): C-E-G-B
C(ADD9): C-D-E-G   CM6: C-E-G-A

F	F#	G	G#	A	A#	●	●	C#	●	D#	E	F	F#	G	G#	A	A#	B	C	C#
C	C#	D	D#	E	F	F#	●	●	●	A#	B	C	C#	D	D#	E	F	F#	G	G#
G#	A	A#	B	C	C#	●	D#	●	●	F#	G	G#	A	A#	B	C	C#	D	D#	E
D#	E	F	F#	G	G#	●	A#	●	●	C#	D	D#	E	F	F#	G	G#	A	A#	B
A#	B	C	C#	D	D#	E	●	F#	●	●	A	A#	B	C	C#	D	D#	E	F	F#
F	F#	G	G#	A	A#	B	●	C#	●	D#	●	F	F#	G	G#	A	A#	B	C	C#

BEBOP DORIAN

SCALE: D-E-F-G-A-B-C-C#-D
TRIAD/Dm/: D-F-A
TETRADS/Dm7/: D-F-A-C   Dm7(9): D-F-A-C
Dm9: D-E-F-G   Dm6: D-F-A-B

F	F#	G	G#	A	A#	B	C	●	●	D#	●	F	F#	G	G#	A	A#	B	C	C#
C	C#	D	D#	E	F	F#	G	G#	●	A#	●	●	C#	D	D#	E	F	F#	G	G#
G#	A	A#	B	C	C#	D	D#	●	●	F#	●	G#	A	A#	B	C	C#	D	D#	E
D#	E	F	F#	G	G#	A	A#	B	●	●	●	D#	E	F	F#	G	G#	A	A#	B
A#	B	C	C#	D	D#	E	F	F#	●	G#	●	A#	●	C	C#	D	D#	E	F	F#
F	F#	G	G#	A	A#	B	C	C#	●	D#	●	●	F#	G	G#	A	A#	B	C	C#

BEBOP DOMINANT
SCALE:G-A-B-C-D-E-F-F#-G
TETRADS /G7/: G-B-D-F
G7(9): G-B-D-F   G7(13): G-B-D-F   G7(4): G-B-D-F
G7(9): G-B-D-F
   4

F	●	●	G#	●	A#	B	C	C#	D	D#	E	F	F#	G	G#	A	A#	B	C	C#
C	C#	●	D#	●	●	F#	G	G#	A	A#	B	C	C#	D	D#	E	F	F#	G	G#
G#	●	A#	●	●	C#	D	D#	E	F	F#	G	G#	A	A#	B	C	C#	D	D#	E
D#	E	●	●	●	G#	A	A#	B	C	C#	D	D#	E	F	F#	G	G#	A	A#	B
A#	B	●	C#	●	D#	●	F	F#	G	G#	A	A#	B	C	C#	D	D#	E	F	F#
F	F#	●	G#	●	A#	●	C	C#	D	D#	E	F	F#	G	G#	A	A#	B	C	C#

BEBOP LOCRIAN (#2)
SCALE: B-C#-D-E-F-G-A-A#-B
TETRAD /Bm7(b5)/: B-D-F-A

F	F#	G	G#	A	●	●	C	●	D	D#	E	F	F#	G	G#	A	A#	B	C	C#
C	C#	D	D#	E	●	F#	●	G#	●	A#	B	C	C#	D	D#	E	F	F#	G	G#
G#	A	A#	B	C	●	●	D#	●	F	F#	G	G#	A	A#	B	C	C#	D	D#	E
D#	E	F	F#	G	G#	●	●	●	C	C#	D	D#	E	F	F#	G	G#	A	A#	B
A#	B	C	C#	D	D#	●	●	F#	●	G#	A	A#	B	C	C#	D	D#	E	F	F#
F	F#	G	G#	A	A#	●	C	●	●	D#	E	F	F#	G	G#	A	A#	B	C	C#

DIAGRAM XI

SYMMETRICAL SCALES

"3-Notes-per-string scales"

"WHOLE-HALF DIMINISHED"

Fingering Pattern #1

F	F#	G	G#	●	●	B	●	C#	D	D#	E	F	F#	G	G#	A	A#	B	C	C#
C	C#	D	D#	●	F	●	●	G#	A	A#	B	C	C#	D	D#	E	F	F#	G	G#
G#	A	A#	B	●	●	D	●	E	F	F#	G	G#	A	A#	B	C	C#	D	D#	E
D#	E	F	F#	●	G#	●	●	B	C	C#	D	D#	E	F	F#	G	G#	A	A#	B
A#	B	C	C#	D	●	●	F	●	G	G#	A	A#	B	C	C#	D	D#	E	F	F#
F	F#	G	G#	A	●	B	●	●	D	D#	E	F	F#	G	G#	A	A#	B	C	C#

DIMINISHED SCALE

SCALE: Bb-C-Db-Eb-E-F#-G-A-Bb
DIMINISHED CHORD: /Bbº/
TETRAD /Bbº/: Bb-C#-E-G

"Note": Use the Whole-Half Diminished**Starting on Bb**.

Fingering Pattern #2
"3-Notes-per-string"

F	F#	G	G#	A	A#	B	C	C#	D	●	◯	F	◯	◯	G#	A	A#	B	C	C#
C	C#	D	D#	E	F	F#	G	G#	●	◯	B	◯	◯	D	D#	E	F	F#	G	G#
G#	A	A#	B	C	C#	D	●	◯	F	◯	◯	G#	A	A#	B	C	C#	D	D#	E
D#	E	F	F#	G	G#	●	◯	B	◯	◯	D	D#	E	F	F#	G	G#	A	A#	B
A#	B	C	C#	D	●	◯	F	◯	◯	G#	A	A#	B	C	C#	D	D#	E	F	F#
F	F#	G	G#	A	◯	B	◯	◯	D	D#	E	F	F#	G	G#	A	A#	B	C	C#

Fingering pattern #3
"2 Notes- per- string and one of passage"

F	F#	G	G#	A	A#	B	C	◯	D	●	◯	F	●	●	G#	A	A#	B	C	C#
C	C#	D	D#	E	F	F#	G	G#	●	◯	B	●	●	D	D#	E	F	F#	G	G#
G#	A	A#	B	C	C#	D	●	◯	F	●	◯	G#	A	A#	B	C	C#	D	D#	E
D#	E	F	F#	G	G#	●	◯	B	●	◯	D	D#	E	F	F#	G	G#	A	A#	B
A#	B	C	C#	D	●	◯	F	●	◯	G#	A	A#	B	C	C#	D	D#	E	F	F#
F	F#	G	G#	A	◯	B	●	◯	D	D#	E	F	F#	G	G#	A	A#	B	C	C#

"HALF-WHOLE DIMINISHED"
"3-Note-per-string"

Fingering Pattern #1

F	F#	●	G#	●	●	B	C	C#	D	D#	E	F	F#	G	G#	A	A#	B	C	C#
C	C#	D	●	●	F	●	G	G#	A	A#	B	C	C#	D	D#	E	F	F#	G	G#
G#	A	●	B	●	●	D	D#	E	F	F#	G	G#	A	A#	B	C	C#	D	D#	E
D#	E	F	●	●	G#	●	A#	B	C	C#	D	D#	E	F	F#	G	G#	A	A#	B
A#	B	C	●	D	●	●	F	F#	G	G#	A	A#	B	C	C#	D	D#	E	F	F#
F	F#	G	G#	●	●	B	●	C#	D	D#	E	F	F#	G	G#	A	A#	B	C	C#

DOMINANT DIMINISHED SCALE
"DOM-DIM SCALE"

SCALE: A-Bb-C-C#-D#-E-F#-G-A

ALTERED DOMINANT : A7(b5), A7(#9) and A7(b9).
"NOTE": A7(b5)=A7(#11)

TETRAD /A7/: A-C#-E-G

"NOTE": Use the Half-Whole Diminished**starting on A.**

Fingering Pattern #2
"3-Notes-per-string"

F	F#	G	G#	A	A#	B	C	C#	D	○	○	F	○	●	G#	A	A#	B	C	C#
C	C#	D	D#	E	F	F#	G	G#	○	○	B	○	●	D	D#	E	F	F#	G	G#
G#	A	A#	B	C	C#	D	○	○	F	○	●	G#	A	A#	B	C	C#	D	D#	E
D#	E	F	F#	G	G#	○	○	B	○	●	D	D#	E	F	F#	G	G#	A	A#	B
A#	B	C	C#	D	○	○	F	○	●	G#	A	A#	B	C	C#	D	D#	E	F	F#
F	F#	G	G#	○	○	B	○	●	D	D#	E	F	F#	G	G#	A	A#	B	C	C#

"WHOLE TONE SCALE"

SCALE: A-B-C#-D#-F-G-A

ALTERED DOMINANT : A7 (#5), A7 (b5)

TETRAD/A7/: A-C#-E-G

"Note"
The chord A7 (#5) = A7 (b13)
The chord A7 (b5) = A7 (#11)

Fingering # 1

F	F#	G	G#	A	A#	B	C	C#	D	●	E	●	F#	●	G#	A	A#	B	C	C#
C	C#	D	D#	E	F	F#	G	G#	●	A#	●	C	●	D	D#	E	F	F#	G	G#
G#	A	A#	B	C	C#	D	●	E	●	F#	●	G#	A	A#	B	C	C#	D	D#	E
D#	E	F	F#	G	G#	●	A#	●	C	●	D	D#	E	F	F#	G	G#	A	A#	B
A#	B	C	C#	D	●	E	●	F#	●	G#	A	A#	B	C	C#	D	D#	E	F	F#
F	F#	G	G#	●	A#	●	C	●	D	D#	E	F	F#	G	G#	A	A#	B	C	C#

Fingering # 2

●	F#	●	G#	●	A#	B	C	C#	D	D#	E	F	F#	G	G#	A	A#	B	C	C#
C	●	D	●	E	F	F#	G	G#	A	A#	B	C	C#	D	D#	E	F	F#	G	G#
G#	●	A#	●	C	C#	D	D#	E	F	F#	G	G#	A	A#	B	C	C#	D	D#	E
D#	E	●	F#	●	G#	A	A#	B	C	C#	D	D#	E	F	F#	G	G#	A	A#	B
A#	B	C	●	D	●	E	F	F#	G	G#	A	A#	B	C	C#	D	D#	E	F	F#
F	F#	G	G#	●	A#	●	C	C#	D	D#	E	F	F#	G	G#	A	A#	B	C	C#

Fingering # 3 *Starting on G.*

F	F#	●	G#	●	A#	●	C	C#	D	D#	E	F	F#	G	G#	A	A#	B	C	C#
C	C#	D	●	E	●	F#	G	G#	A	A#	B	C	C#	D	D#	E	F	F#	G	G#
G#	A	A#	●	C	●	D	D#	E	F	F#	G	G#	A	A#	B	C	C#	D	D#	E
D#	E	●	F#	●	G#	●	A#	B	C	C#	D	D#	E	F	F#	G	G#	A	A#	B
A#	B	C	●	D	●	E	F	F#	G	G#	A	A#	B	C	C#	D	D#	E	F	F#
F	F#	●	G#	●	A#	●	C	C#	D	D#	E	F	F#	G	G#	A	A#	B	C	C#

"CHROMATIC SCALE"

SCALE: B-C-C#-D-D#-E-F-F#-G-G#-A-A#-B

APPLICATION: ALL CHORDS

Fingering Pattern

F	F#	●	●	●	●	B	C	C#	D	D#	E	F	F#	G	G#	A	A#	B	C	C#
C	C#	D	●	●	●	●	G	G#	A	A#	B	C	C#	D	D#	E	F	F#	G	G#
G#	A	A#	●	●	●	●	D#	E	F	F#	G	G#	A	A#	B	C	C#	D	D#	E
D#	E	F	F#	●	●	●	●	B	C	C#	D	D#	E	F	F#	G	G#	A	A#	B
A#	B	C	C#	D	●	●	●	●	G	G#	A	A#	B	C	C#	D	D#	E	F	F#
F	F#	G	G#	A	A#	●	●	●	●	D#	E	F	F#	G	G#	A	A#	B	C	C#

"AUGMENTED SCALE"

SCALE: A-C-C#-E-F-G#-A

CHORD: A(#5), AM7(#5)

Fingering Pattern

F	F#	G	G#	A	A#	B	C	C#	D	D#	●	●	F#	G	●	A	A#	B	C	C
C	C#	D	D#	E	F	F#	G	G#	●	A#	B	●	●	D	D#	E	F	F#	G	G#
G#	A	A#	B	C	C#	D	D#	●	●	F#	G	●	A	A#	B	C	C#	D	D#	E
D#	E	F	F#	G	G#	●	A#	B	●	●	D	D#	E	F	F#	G	G#	A	A#	B
A#	B	C	C#	D	D#	●	●	F#	G	●	A	A#	B	C	C#	D	D#	E	F	F#
F	F#	G	G#	●	A#	B	●	●	D	D#	E	F	F#	G	G#	A	A#	B	C	C#

DIAGRAM XII

CHROMATIC PENTATONIC

SCALE: A-C-D-D#-E-G-G#-A

CHORD: A7-A7(9)-A7(#9)

APPLICATION: Rock, Blues, Swing and Jazz Feel.

Fingering Pattern #1

F	F#	●	●	●	A#	B	C	C#	D	D#	E	F	F#	G	G#	A	A#	B	C	C#
C	C#	●	●	●	F	F#	G	G#	A	A#	B	C	C#	D	D#	E	F	F#	G	G#
G#	A	A#	B	●	C#	D	D#	E	F	F#	G	G#	A	A#	B	C	C#	D	D#	E
D#	E	F	F#	●	●	●	A#	B	C	C#	D	D#	E	F	F#	G	G#	A	A#	B
A#	B	C	C#	●	●	●	F	F#	G	G#	A	A#	B	C	C#	D	D#	E	F	F#
F	F#	G	G#	●	A#	B	●	C#	D	D#	E	F	F#	G	G#	A	A#	B	C	C#

Fingering Pattern # 2

F	F#	G	G#	A	A#	B	C	C#	D	D#	E	F	F#	●	●	●	A#	B	C	C#
C	C#	D	D#	E	F	F#	G	G#	A	A#	B	●	C#	●	●	●	F	F#	G	G#
G#	A	A#	B	C	C#	D	D#	E	F	F#	●	●	●	A#	B	C	C#	D	D#	E
D#	E	F	F#	G	G#	A	A#	B	C	C#	●	●	●	F	F#	G	G#	A	A#	B
A#	B	C	C#	D	D#	E	F	F#	G	G#	●	A#	B	●	C#	D	D#	E	F	F#
F	F#	G	G#	A	A#	B	C	C#	D	D#	E	F	F#	G	G#	A	A#	B	C	C#

Fingering Pattern # 3

"**Note**":Use the Chromatic Pentatonic "**starting on G**"

F	F#	G	G#	A	A#	B	●	C#	●	●	●	F	F#	G	G#	A	A#	B	C	C#
C	C#	D	D#	E	F	F#	●	●	●	A#	B	C	C#	D	D#	E	F	F#	G	G#
G#	A	A#	B	●	C#	●	●	●	F	F#	G	G#	A	A#	B	C	C#	D	D#	E
D#	E	F	F#	●	●	●	A#	B	C	C#	D	D#	E	F	F#	G	G#	A	A#	B
A#	B	●	C#	●	●	●	F	F#	G	G#	A	A#	B	C	C#	D	D#	E	F	F#
F	F#	●	●	●	A#	B	C	C#	D	D#	E	F	F#	G	G#	A	A#	B	C	C#

9 788859 143262